U0614125

深蓝渔业

产品营销

RESEARCH ON MARKETING
MODE OF DEEP BLUE FISHERY

模式研究

◎ 权怡瑄 著

中国海洋大学出版社
·青岛·

图书在版编目（CIP）数据

深蓝渔业产品营销模式研究/权怡瑄著.—青岛：
中国海洋大学出版社，2019.3

ISBN 978-7-5670-2161-7

Ⅰ.①深… Ⅱ.①权… Ⅲ.①海洋渔业—渔业经济—
产品营销—营销模式—研究 Ⅳ.① F326.43

中国版本图书馆 CIP 数据核字（2019）第 060504 号

出版发行	中国海洋大学出版社			
社　　址	青岛市香港东路 23 号		邮政编码	266071
出 版 人	杨立敏			
网　　址	http://pub.ouc.edu.cn			
订购电话	0532－82032573（传真）			
责任编辑	董　超			
印　　制	青岛国彩印刷有限公司			
版　　次	2019 年 3 月第 1 版			
印　　次	2019 年 3 月第 1 次印刷			
成品尺寸	170 mm × 230 mm			
印　　张	11.25			
字　　数	196 千			
印　　数	1～1000			
定　　价	42.00 元			

如出现印装问题，请致电 0532-88194567 与印刷厂联系。

目录
Contents

|第一章|

绪　论

第一节　研究背景

中国是世界上最大的水产品生产国。渔业经济已经成为国民经济的重要构成部分。自 20 世纪 80 年代以来,随着人们对水产品消费需求的不断增长,我国渔业经济获得了快速持续发展。渔业经济包括淡水渔业和海洋渔业。与陆地淡水渔业相比,海洋渔业经济的发展日益受到资源与环境的极大约束。一方面,由于长期过度捕捞,近海渔业资源日趋衰退甚至枯竭,近海捕捞业近乎停滞;另一方面,海水养殖业粗放的生产方式和落后的设施装备,导致养殖污染严重、水域环境恶化、水土资源紧缺、水产品安全问题严重等。在资源与环境的双重约束下,海洋渔业经济的发展必须转变增长方式、调整产业结构。海洋渔业转方式、调结构的一个重要导向是从战略上安排海洋产业空间布局,从海岸带、近海走向深远海,拓展海洋渔业的发展空间。2013 年 2 月,国务院通过的《关于促进海洋渔业持续健康发展的若干意见》,明确要求控制近海养殖密度,拓展海洋离岸养殖和集约化养殖。2016 年《农业部关于加快推进渔业转方式调结构的指导意见》,提出海洋渔业的发展思路是"生态养护、产业升级、空间拓展、推广提升",面向近海、外海、远洋、极地等分层次布局,推进新资源开发和新产业形成,大力拓展发展空间。《全国海洋经济"十三五"发展规划(2016～2020)》也明确指出,要进一步拓展蓝色空间,大力发展蓝色渔业。由此可见,无论是从海洋渔业发展面临的严峻现实来分析,还是从国家的政策导向来看,发展深远海渔业、尤其是以高技术装备为支撑的生态化深远海养殖渔业即深蓝渔业,是海洋渔业经济实现可持续发展的必然趋势和战略选择。近些年来,在海洋渔业经济发展战略实现转型的背景下,一系列大型海洋渔业企业在深远海养殖技术和工程装备的支持下,从近海走向深远海,开展深海和远海生态化、规模化渔业养殖,深蓝渔业产业悄然兴起并且正在获得快速发展。

发展深蓝渔业,必须按照市场导向的原则,根据深蓝渔业产品的特性、深蓝渔业产品的消费特点、深蓝渔业产品的市场渠道差异化等,研究深蓝渔业产品的市场营销模式。首先,只有深入研究深蓝渔业产品的市场需求特点,构建科学的市场营销模式,才能有效推动深蓝渔业产业的持续发展。任何产业的发展,最终都将受到市场的约束。深蓝渔业作为海洋渔业经济的新兴产业,其本身要获得快速健康发展,必须解决消费市场问题,通过研究营销渠道、营销模式的构造,不断拓展消费市场的广度和深度,才能创造深蓝渔业产业发展的广阔空间。目前,人们对于深蓝渔业的特点、深蓝渔业产品的特性,尚缺乏必要的深入的认知,妨碍了深蓝渔业产品的市场拓展。这既与深蓝渔业作为新兴产业的发展现状有关,也与深蓝渔业产品的市场推广乏力、市场营销模式落后相关联。其次,研究和构建创新性的深蓝渔业产品营销模式,才能更好地满足市场需求,创造新的顾客价值。深蓝渔业产品的消费,对于提高国民生活质量、增进国民身体健康有着特殊的价值,先进的营销模式能够进一步创造顾客的消费价值。营销渠道、营销模式不仅是产品价值链的延伸,而且是产品价值链微笑曲线的重要环节。营销模式通过增值服务,既传递和实现着产品的性能价值,又为顾客创造了以满意度来衡量的消费价值。深蓝渔业产品营销模式创造的顾客满意,又反过来极大地推动深蓝渔业产业的发展。再次,在互联网经济时代,以大数据、云计算技术和物联网技术为支撑,能够创新性地研究和构建深蓝渔业产品的新型营销模式。目前,在"互联网＋"的推动下,越来越多的行业和企业正在将互联网信息技术应用于市场营销领域,通过建立信息网络服务平台,构造新的营销模式。毫无疑问,传统的海洋渔业产品营销模式已经落后于时代,已经不适应新的市场需求了。根据深蓝渔业产品的特性和市场需求与消费特点,创新性地研究互联网经济时代的深蓝渔业产品营销模式,是推动我国海洋渔业产业转型升级的必然要求。

创新性地研究深蓝渔业产品营销模式,有助于丰富和完善水产品、海洋渔业产品的市场营销理论,建立具有深蓝渔业产业特点的市场营销概念框架和理论框架。同时,研究深蓝渔业产品营销模式创新,并将新的营销模式应用于深蓝渔业企业的市场营销实践中,能够极大地推动深蓝渔业企业的产品开发、产品价值链和供应链的优化组合,从而促进深蓝渔业产业的快速发展。因此,研究深蓝渔业产品的营销模式创新,既具有重要的理论意义,也有着极大的实践应用价值。

第二节　国内研究现状

到目前为止,学术理论界只是从一般意义上探讨和研究了水产品、海产品的市场营销和流通渠道模式问题,而关于深蓝渔业产品市场营销和营销模式的研究文献则极为少见,相关理论研究近乎空白。鉴于此,只能从一般海洋渔业产品市场营销的角度,对国内研究现状与研究动态做一个总体描述。

(1)关于深蓝渔业发展战略的研究。麦康森等(2016)认为,海洋渔业从海岸带走向离岸养殖、从近海走向深远海是未来海洋渔业产业发展的必然趋势,为实现新时期我国海水养殖业的可持续发展,急需拓展海水养殖空间,实施深蓝渔业发展战略。深蓝渔业是一个综合体系,包括适宜品种繁育和高效养殖技术体系、以深远海养殖平台为核心的新型渔业生产模式、深远海海水养殖能源保障系统、海洋水产品智能化物流系统网络平台等。岳冬冬、王鲁民(2013)认为,基于近海养殖业面临的资源与环境双重约束,近海养殖的发展空间有限,水产养殖的未来增长空间必须面向深远海,发展深远海养殖是大势所趋。黄一心等(2016)认为,我国海洋渔业产业应该大力拓展海洋蓝色资源的利用范围,积极发展离岸养殖尤其是深远海养殖,发展深蓝渔业是今后海洋渔业经济发展的重点和战略选择。徐皓等(2016)认为,实施深蓝渔业发展战略,应该优先发展深远海养殖工程装备产业,重点发展多功能专业化的养殖工船技术、专业化智能化的养殖机械装备技术、深远海海水养殖能源保障技术等。涉海政府部门和科研机构的专家学者认为,我国未来的水产养殖要实现可持续发展,必须构建深远海大型养殖平台,发展深远海养殖业。目前应致力于建立协同创新平台,发展深蓝渔业工程装备技术,以深蓝渔业的发展助推第六次海水养殖浪潮的兴起。

(2)关于海洋渔业产品消费者行为的研究。郭国庆(1998)、权锡鉴和周荣森(2003)等学者,从营销理论上研究了消费者行为的影响因素,认为消费者的购买行为,是一个考虑多方面条件并受多种因素影响的综合性决策过程。从一般理论上说,消费者购买行为可分为复杂性购买行为、寻求多样化购买行为、化解不协调购买行为、习惯性购买行为等不同类型。影响消费者购买行为的一般因素包括消费者个体性因素、产业发展因素、社会性因素、文化因素等。这些一般影响因素同样适用于对海洋渔业产品消费者购买行为的理论分析。葛光华(2001)等学者,从一般消费者行为理论出发,具体分析了影响海产品消费者购买行为的社会性因素和文化因素。社会性因素是指直接和间接地影响消费者购买欲望、购买态度和购买行为的社会组织、社会群体和社会交往网络。消费者作为社会的成员,总是处在不同的社会组织、社会群体和社会交往网络中,社会群体和社会交往产生的消费潮流和消费信息,会极大地诱导消费者的购买行为。社会群体的公共消费选择会对消费者个体产生使人趋向一致的压力,从而极大地影响消费者个体对某一商品的购买和消费选择。消费者个体的消费兴趣、消费习惯和购买行为方式等在很大程度上受到文化因素的影响。由社会文化因素决定的消费价值观、消费习俗、消费传统、消费时尚以及受个体文化背景影响的消费观念、消费追求、消费倾向等,都对消费者购买行为产生较大影响。渔业产品消费在某种程度上是一种有意味的文化消费形式。渔业产品消费的文化习俗包括信仰性消费、喜庆性消费、纪念性消费等。

(3)关于海洋渔业产品营销渠道模式的研究。李琳(2011)等学者,从海洋渔业产业历史发展的角度考察,认为较为典型的海洋渔业产品营销渠道模式有以下几种:一是"渔户+批发市场+农贸市场"模式。即分散的渔户与批发商进行交易,通过批发环节进入到农贸市场零售。二是"渔户+中介组织+批发市场+农贸市场"模式。分散的渔户通过渔业合作社、渔业协会等中介组织将产品传递于批发商、农贸市场零售商。三是"渔户+超市"模式。具有稳定经营规模的渔户避开了各种中间环节,直接将产品输送到超市进行零售。四是纵向一体化模式。实力较强的海洋渔业企业通过建立自己控制的营销配送网络直接将产品传递于消费者。李晓红(2011)等学者,从市场交易的角度来分析,认为鲜活海产品的营销渠道模式包括:一是水产生产者—销地批发商—水产零售商—消费者。这里的水产生产者一般是实力较强的渔业合作社或渔业企业,有能力通过物流运输系统将产品传输于销地批发商。二是水产生产者—水产贩运商—销地批发商—水产零售商—消费者。这里的水产生产者一般是小规模养殖户,需要通过水产贩运商将产品输送于销地批发商。三是水产生产者—产地批发商—销地批发商—水产零售商—消费者。在水品主产区,产品集散以及供求信息和价格等需要产地批发商来组织和决定。四是水产生产者—水产贩运商—产地批发商—销地批发商—水产零售商—消费者。水产主产区的小型养殖户有时无法与产地批发商进行对接,需要通过水产贩运商将产品转送给产地批发商。李丽杰(2017)等学者认为,鲜活水产品营销渠道的主要模式有以批发市场为主导的鲜活水产品渠道模式、养殖户与超市对接主导型的鲜活水产品渠道模式、以加工企业为主导的鲜活水产品渠道模式。葛光华(2001)认为,水产品营销渠道可分为冷冻水产品渠道、冷鲜水产品渠道、鲜活水产品渠道三种类型,这三种类型分别代表了水产品营销渠道的不同模式。冷冻水产品营销渠道流通模式为:生产者海上保鲜—冷藏库—加工厂—冷链运输—零售冷藏—消费者;冷鲜水产品营销渠道流通模式为:生产者—产地批发市场—销地批发市场—零售市场—消费者;鲜活水产品营销渠道流通模式为:生产者—贩运商—超市或集贸市场—消费者。张志乔(2012)从一般意义上研究了生鲜农产品的营销渠道问题,认为生鲜农产品的营销渠道有四种模式:一是以批发市场为核心的营销渠道模式。该模式流通路线为生产者—加工企业—批发市场—超市或集贸市场—消费者。二是以龙头加工企业为核心的营销渠道模式。该模式流通路线为生产者—商贩—加工企业—批发市场—超市或集贸市场—消费者。三是以连锁超市为核心的营销渠道模式。该模式流通路线为生产者—商贩—批发市场—配送中心—连锁超市—消费者。四是以配送中心为核心的营销渠道模式。该模式流通路线为生产者—配送中心—超市或消费者。

　　(4)关于海洋渔业产品绿色营销的研究。胡月英(2007)认为,水产品绿色营销是指水产企业既要考虑充分满足消费者对绿色水产品的消费需求,实现水产企业收益最优化,又要特别注重水资源环境的生态平衡,从而产生良好的生态效益与社会效益的过程。在海洋渔业产品生产和营销过程中贯彻绿色营销理念十分重要。在近海环境污染、生态破坏、渔业资源枯竭、海水规模化养殖用药和排放带来的外部性影响等不断加剧的情况下,消费者对海产品的食品安全问题提出了越来越多的质疑。因此,必须从源头上、从渔业资源利用和渔业生态环境维护的角度确保清洁生产与绿色生产,同时在产品营销和物流的各个环节和整个过程中保证产品的质量安全。虞吉林(2002)等学者认为,在水产品出口、水产品国际贸易过程中,实施绿色产品品牌工程尤为重要。相关学者研究了海产品绿色营销组合策略,具体内容包括:第一,绿色产品策略。绿色产品是一个整体概念,从产品生产、产品包装到产品分销的全过程都要贯彻绿色理念。第二,绿色价格策略。绿色水产品价格的制定,必须充分考虑市场需求、市场潜力、市场竞争等因素,深入分析和研究消费者的绿色消费心理,采取合理可行的价格策略,使绿色产品价格既能被消费者所接受,又有利于提高绿色产品的市场竞争力。第三,绿色渠道策略。水产品渠道商应确立绿色环保理念,在水产品的冷藏设备、冷藏技术、运输工具、零售方式等方面做到绿色环保和绿色运营。第四,绿色促销策略。绿色促销在于向消费者、市场和社会推广海产品生产者的整体绿色形象,如宣传和推广水产品的绿色健康养殖生态环境、绿色健康养殖过程、绿色健康产品标准、绿色健康包装、绿色环保运营等。王宏智(2017)等学者研究了绿色海洋渔业产品质量安全可追溯体系,该体系以海产品供应链为中心,由水产品供应商、水产品生产加工商、水产品分销商等主体构成一个快速反应的逆向物流信息网络,其中各个节点彼此关联、相互作用,共同组成一个有机的信息系统整体,实现产品质量信息可追溯的目标。可追溯的产品包括鲜活水产品、冰鲜水产品、冷藏水产品、干鲜水产品等;可追溯的主体包括海产品养殖户、加工企业、批发商、运营商、零售商、政府监管部门等;可追溯的信息包括海产品养殖信息、加工信息、包装信息、出入库信息、物流信息等。陈惠惠(2008)、潘澜澜(2012)等学者认为,绿色海洋渔业产品质量安全可追溯系统,采用从消费者到养殖户的追溯模式,依据海产品生产和运营流程,提出水产品养殖、加工、包装、检验、运输、销售等环节的追溯要素,建立关于养殖企业资质认证信息、产品生产信息、产品加工信息、产品包装信息、产品出入库信息、产品物流销售信息等质量安全信息数据库,为实现产品质量安全可追溯提供信息支持。孙琛(2014)、高小玲(2014)等学者,从水产品流通渠道、渔业产业组织模式的角度研究了水产品质量安全保证问题,认为压缩水产品流通渠道的层次,减少水产品的多级收购和批发环节,减少仓储和运输环节,探索现代水产品流通方式,提高水产品流通速度,对于保证水产品质量安全至关重要。同时,建立纵向一体化与水平合作相结合的渔业产业组织模式也有助于提高水产品的质量安全,水产品质量安全的监控是由产业自组织机制实现的。

(5)关于海洋渔业产品电子商务营销的研究。叶超(2015)等学者认为,海洋渔业产品电子商务营销是通过网络信息平台进行产品供求和价格信息发布、进行产品推广和产品销售的流通方式。中国水产品市场规模庞大、产品交易量高,市场交易和流通涉及物流、信息流、资金流等许多环节,传统的流通模式已经暴露出很多弊端,在互联网信息技术迅猛发展的当代,发展电子商务营销模式是一个必然的趋势。杨逸(2016)等学者指出,海产品电子商务营销的一般原理是,通过网络信息平台管理和控制水产品生产、供应和营销过程,通过大数据分析和预测市场供求及发展趋势,运用电商平台实现产品咨询、产品交易和支付结算,通过电商物流系统实现产品配送的全程监控和精准到位。赖媛媛(2015)等学者研究了海产品的 B2B 电商营销模式,该模式通过专业海产品网站发布产品、服务等各类商务信息,一般采用中国海产网、各种海产品批发市场网络平台等。这类专业海产品网站一般提供综合性的海产品信息及相关服务,即只提供海产品信息沟通平台,只是在网上发布供销信息,而缺乏物流、金融等支持性服务功能,买卖双方在线下完成交易过程。王晓玲(2016)等学者研究了海产品的 O2O 电商营销模式,这是一种线上与线下有机结合的营销模式,消费者通过电商线上服务平台下单后,电商平台将订购信息传递给海产品生产企业,接到订单的企业将订购的海产品输送到配送中心,配送中心再将产品输送到线下实体店,消费者可以选择送货上门、代收、自提等不同方式。O2O 电商营销模式有效地将生产企业与消费者相结合,极大地提升了消费者的体验感和企业的参与度。曹继龙(2011)等学者研究了进一步完善海产品物流配送体系问题。海产品物流配送公司应围绕着物流园区建设、绿色配送渠道建设、物流配送管理信息系统建设等加大资本投入,大力开发和采用现代冷链技术,以冷链技术为支撑,发展宅配物流渠道;同时,大力培育和培养现代物流专业人才,加强物流配送专业队伍建设和物流配送的管理信息系统建设,特别要注重现代智能技术在海产品物流配送管理过程中的应用,以实现物流配送过程的实时管理和智能监控。海产品物流配送公司应以冷链物流技术、管理信息技术、现代物流专业队伍为支撑,大力拓展海产品物流配送空间和地域范围,推进开放式物流配送网络建设。吴维宁(2008)认为,在水产品网络营销中应实现 Web2.0 技术与网络零售的有机整合,Web2.0 技术是以消费者个人为基础,以满足个性化需求为目标,通过构建人与人之间的网络关系,形成的社区化生活方式平台。通过该平台实现多样化、个性化的水产品零售。

第三节　研究方法和技术路线

从传统海洋渔业产业面临的发展困境出发,研究深蓝渔业发展战略选择;根据深蓝渔业产业特别是深蓝渔业产品的特质,研究深蓝渔业产品市场营销的特殊性;根据深蓝渔业产品的消费特点,尤其是新生代消费者的需求个性,研究满足个性化需求的深蓝渔业产品的创新营销模式;在分析传统海洋渔业产品营销模式局限性的基础上,研究在互联网经济背景下,在现代智能信息技术迅速发展的情形下,深蓝渔业产品市场营销的创新模式。

研究方法:① 文献研究法。在阅读大量国内外相关文献的基础上,对国内外理论界关于海洋渔业产品营销的现有研究成果进行概括总结和评述,发现现有研究的不足,并结合深蓝渔业产业及其产品营销的特性进行理论创新。② 比较分析法。通过比较分析传统海洋渔业产品营销模式和目前的电商模式,发现深蓝渔业产品营销模式的创新趋势,探寻深蓝渔业产品营销模式创新的路径。③ 系统研究法。将深蓝渔业产品营销模式创新作为一个系统整体进行分析和研究,运用系统论的原理与方法对深蓝渔业产品创新性营销模式的构成要素、运营机理、支撑体系和运营效率等展开系统分析和整体研究。

研究的技术路线:传统海洋渔业产业的发展困境——深蓝渔业发展战略的选择——深蓝渔业产业的特征——深蓝渔业产品的特质——深蓝渔业产品的市场需求与消费特点分析——深蓝渔业产品营销模式的演变——深蓝渔业产品营销模式的创新趋势——深蓝渔业产品的智能供应链体系——基于智能供应链的深蓝渔业产品营销模式创新——深蓝渔业产品创新性营销模式的构成要素——深蓝渔业产品创新性营销模式的运营机理。

| 第二章 |

海洋渔业产品营销理论

第一节 海洋渔业产品消费者行为理论

一、海产品消费者行为特点

如同一般厂商的营销管理一样,海洋渔业企业的产品营销,首先需要分析和研究市场环境及市场需求,而决定并活跃于海洋渔业产品市场的是消费者行为及其选择。海洋渔业产品市场的发展是由供求关系的变化决定的。随着居民收入水平的提高以及由此导致的居民消费结构的变化,整个社会对海洋渔业产品的需求日益增长,海产品以其特有的营养价值吸引了与日俱增的消费者,并且正在以前所未有的方式激发消费者的需求潜力。与此同时,消费者对海洋渔业产品的巨大需求,极大地刺激和推动了海洋渔业产业的发展,海产品尤其是海水养殖产品的产量逐年增长。总体而言,受供求关系变化的支配和驱动,海洋渔业产品市场日益扩大、市场供求日趋活跃、市场结构日渐复杂。然而,由于不同区域、不同民族,同一区域的城乡之间以及城乡内部不同阶层、不同群体的消费水平、消费习惯、消费偏好存在差异,海产品市场的布局和发展以沿海区域为重点,在沿海区域又以城市市场为重点,城市高收入阶层和一部分乡镇高收入者对海产品的消费需求呈现出日益个性化的特点。海洋渔业产品的市场结构及其差异是由消费者的消费行为决定的。受消费水平、消费习惯、消费偏好的影响,海产品的消费特性决定了海洋渔业产品的消费者行为具有如下特点:

第一,消费者行为选择具有因收入水平、消费水平提升而不断增大的倾向。在短缺经济背景下,消费者受到产品稀缺和收入水平的双重约束,对海产品的消费需求极低。随着居民收入水平的不断提高,居民的消费结构发生了巨大变化,在居民收入总支出中,用于食物消费的相对支出比例在降低,而在食物消费的支出中用于肉类、鱼类的支出比例在提高。并且,居民收入水平越高,海产品的价格因素对消费者行为的约束力越低。居民收入水平和消费结构的变化,导致消费者对海洋渔业产品的需求倾向不断增大、消费总量不断增长。随着冷链物流的发展,不仅在沿海区域,内陆地区的消费者也在不断增大对海产品的消费倾向。

第二,消费者行为选择一般倾向于少量的即时购买、即时消费。与其他副食品消费不同,鱼类等海产品并非消费者每天必备的消费品,受消费偏好、营养调节等心理因素影响,海洋渔业产品的消费者行为一般具有间隔选择、即时购买、即时消费的特点。同时,海产品的新鲜度越高其营养价值越高、其新鲜度越高越能刺激消费的特性,也决定了消费者行为选择的即时性特点。即时购买、即时消费的行为选择,使得消费者在消费海洋渔业产品时更多地选择少量购买、多次购买。

第三,消费者行为选择具有较大程度的情景诱导性。消费者对于海洋渔业产品的购买和消费,在很大程度上受到社会性和个体性的情景因素的诱导和驱动,如节日的欢乐情景、假期和周末的休闲情景、时节性的消费潮流情景、鱼类消费的民俗情景、个体性的心理情景、家庭欢聚情景等,都将极大地诱导消费者的行为选择,在不同情景的诱导下,消费者的购买欲望会十分强烈,购买行为会异常果断和迅速。

第四,消费者行为选择呈现出多样化、个性化的趋势。一方面,随着海洋渔业产品精细加工的不断发展和海洋渔业产业链、供应链的不断拉长,海洋渔业产品的种类日益多样化、产品品质日益高级化,为消费者多样化、个性化选择提供了必要前提;另一方面,社会居民不同阶层、不同群体对海产品的需求呈现出差异化、多样化的态势,高端消费者、新生代消费者对海产品的消费日益表现出个性化的倾向。

二、海产品消费者购买行为影响因素

消费者对于海洋渔业产品的购买行为,是一个考虑多方面条件并受多种因素影响的综合性决策过程。从一般理论上说,消费者购买行为可分为复杂性购买行为、寻求多样化购买行为、化解不协调购买行为、习惯性购买行为等不同类型。不同类型的购买行为其具体决策过程不同,但一般来说,影响消费者购买行为的有一些大致相同的一般因素,其中包括消费者个体性因素、渔业产业发展因素、社会性因素、文化因素等。这些影响因素在社会发展的不同时期,同一时期的不同阶段、不同场合、不同情形下对消费者购买行为的影响程度不同,但其影响总是综合性的、共同发生作用的。

第一,消费者个体性因素。主要包括经济收入水平、社会地位、生活方式、消费习惯、消费偏好等。消费者经济收入水平越高,副食品消费在家庭总支出中所占比重越高,因此越能推动消费者对于海洋渔业产品的购买行为;消费者个体所处的社会地位、社会阶层不同,对于海产品的认知和认同程度则会存在差异,因此会导致不同的购买和消费行为;不同的生活方式、消费习惯、消费偏好、消费兴趣等,会影响到消费者对于海产品的购买频率、消费数量和消费质量。

第二,渔业产业发展因素。由海洋渔业产业发展程度、发展水平所决定的海产品开发品种、开发品质、产品品牌、产品价格、营销渠道、流通速度、促销策略与促销手段等,从供给侧方面影响到消费者的购买行为。毫无疑问,海洋渔业产业发展越能为消费者提供多品种、高质量的物美价廉的产品,海洋渔业产业链、供应链越能为消费者提供快捷便利的高质量营销服务,就越是能够推动和刺激消费者的购买行为。

第三,社会性因素。该因素是指直接和间接地影响消费者购买欲望、购买态度和购买行为的社会组织、社会群体和社会交往网络。消费者作为社会的成员,在日常生活和日常工作中总是处在不同的社会组织、社会群体和社会交往网络中,社会群体和社会交往产生的消费潮流和消费信息,会极大地诱导消费者的购买行为。社会性消费和社会性评价,对消费者个体购买行为的影响有时是决定性的。社会群体的公共消费选择会对消费者个体产生使人趋向一致的压力,从而极大地影响消费者个体对某一商品的购买和消费选择(权锡鉴、周荣森等,2003)。

第四,文化因素。消费者个体的消费兴趣、消费习惯和购买行为方式等在很大程度上受到文化因素的影响。由社会文化因素决定的消费价值观、消费习俗、消费传统、消费时尚以及受个体文化背景影响的消费观念、消费追求、消费倾向等,都对消费者购买行为产生较大影响。在许多地域及多数家庭中,对于鱼类等水产品的消费,在许多场合具有某种喜庆、吉祥的象征意义,鱼类消费在某种程度上是一种有意味的文化消费形式。鱼类消费的文化习俗包括信仰性消费、喜庆性消费、纪念性消费等(葛光华,2001)。

三、海产品消费者行为分析模型

关于消费者行为分析的一般理论模型,适用于对海洋渔业产品消费者行为的分析。美国广告学家 E.S. 刘易斯于 1898 年建立了一个关于消费者行为分析的 AIDMA 理论模型。该理论模型认为,从消费者接受产品信息、感知产品、引起购买兴趣到最终完成购买行为,一般经过如下五个阶段:① 引起关注(Attention),厂商一般通过奇特的广告和信息传递方式吸引消费者的注意力;② 引起兴趣(Interest),运用精制的产品色彩和放大了的产品形象刺激消费者,是一般采取的推介方式;③ 唤起欲望(Desire),通过让消费者身临其境,亲身感知产品、体验产品,从而唤起消费者的购买欲望;④ 留下记忆(Memory),营销人员通过将本公司产品与其他企业的相同产品进行横向比较,反复说明本公司产品的特点,让消费者留下对本公司产品的深刻记忆;⑤ 购买行动(Action),消费者经过感性认知、情感体验、理性判断,最后采取了购买决策行为。该理论模型较为适合于对于某些价格高、决策审慎的产品购买行为的分析,如对于某些高端海产品的购买行为分析,可以运用该理论模型,而对于一般海洋渔业产品来说,消费者的购买行为并没有如此复杂。另外,在网络信息时代,厂商传递产品信息的方式、消费者接受产品信息的方式都发生了极大的变化,因此关于消费者行为分析的 AIDMA 理论模型具有被修正的必要性。

2005 年日本电通集团公司提出了在网络信息时代背景下,关于消费者购买行为分析的 AISAS 理论模型。该理论模型认为,传统的产品营销方式以及消费者的购买行为,正在被互联网时代的网络信息所改变,形成了全新的传播理念和消费理念。AISAS 理论模型的前两个阶段与 AIDMA 理论模型相同,第三个阶段为进行搜索(Search),即消费者在厂商和产品面前变被动为主动,主动搜索产品信息,也可以成为信息发布的主体;第四个阶段即达成购买行为(Action);第五个阶段为人人分享(Share),消费者通过网络信息系统将自己的购买心得和消费感受传递于社会群体,实现购买和消费体验的人人分享。在互联网时代,消费者的市场主体地位进一步加强,消费者的主动性消费在增长,借助于信息搜索、信息传递、信息分享,消费个性日益彰显,同时实现了消费个性的社会化传播与分享。

第二节　海洋渔业产品营销渠道理论

一、海产品营销渠道系统

营销渠道通常称为分销渠道,是指生产者、储运者、中间商、零售商、终端消费者为实现产品价值和效用,共同构成的营销组织系统。从一般理论来分析,营销渠道系统包括垂直营销渠道系统、水平式营销渠道系统、多渠道营销系统、直接营销渠道系统等多种类型。海洋渔业产品一般采用垂直营销渠道系统。随着电子商务的发展及其在水产品营销中的推广和应用,许多大型海洋渔业企业和电子商务平台企业开始倡导和采用直接营销渠道系统。

传统的海洋渔业产品营销渠道系统,是一种从生产者到批发商、零售商,再到消费者的简单构造,营销渠道系统的各个环节是分别独立的利益主体,它们之间的关系是十分松散的,一般通过传统的交易关系和约定俗成的协议来维持相互之间的连接纽带。随着海洋渔业产业的快速发展和一大批海洋渔业企业的崛起,目前除了一般的分散渔户仍然采用传统的营销渠道之外,主流的海产品营销即海洋渔业企业的规模化产品营销,多采用垂直营销渠道系统。这种营销渠道系统的主要成员包括生产者、经销商、代理商、批发商、零售商等。生产者主要是指大中型海洋渔业企业;经销商是对海产品拥有所有权的中间商;代理商是代理销售海产品的中间商;批发商是从事海产品批量分销活动的中间商,分为生产地批发商、接受地批发商、中转地批发商等不同类型;零售商是将海产品直接销售给消费者的终端商,零售商主要活动于集贸市场、超市和水产品专卖店等。与传统的营销渠道系统不同,在垂直营销渠道系统构造中,生产者、中间商、零售商通过产权关联或契约关系,构成了一个有机统一的产业链,营销渠道各个成员由独立的、松散的关系变成了紧密关联、利益一体化的战略合作关系。在海洋渔业产品营销渠道系统中,垂直的紧密型的合作链条构造模式一般有两种:一是海洋渔业企业通过对外投资,控股或参股于中间商、零售商,形成纵向一体化的营销渠道模式;二是海洋渔业企业与中间商、零售商签订长期稳定的契约,通过契约关系构造产业链条的利益共同体。

在互联网经济时代,直接营销渠道系统将成为海洋渔业产品营销模式的必然选择。直接营销渠道系统即生产者将产品直接销售给终端消费者,而消除了任何中间商的分销渠道系统。在过去的海产品营销中,一部分生产企业通过展销会、订货会、邮购等形式开展了传统意义上的直接营销。在"互联网＋"背景下，电子商务已经渗透于海洋渔业产品的营销活动中，大型海洋渔业企业和海产品平台企业，通过建立电商营销服务平台，构造了网络信息时代的直接营销渠道系统。

二、海产品营销渠道模式

从海洋渔业产业历史发展的角度来考察，海产品的营销渠道模式有多种，许多学者对此进行了研究和总结。李琳等（2011）认为，较为典型的海洋渔业产品营销渠道模式有以下几种：①"渔户＋批发市场＋农贸市场"模式。即分散的渔户与批发商进行交易，通过批发环节进入到农贸市场零售。②"渔户＋中介组织＋批发市场＋农贸市场"模式。分散的渔户通过渔业合作社、渔业协会等中介组织将产品传递于批发商、农贸市场零售商。③"渔户＋超市"模式。具有稳定经营规模的渔户避开了各种中间环节，直接将产品输送到超市进行零售。④纵向一体化模式。实力较强的海洋渔业企业通过建立自己控制的营销配送网络直接将产品传递于消费者。李晓红等（2011）认为，从市场交易的角度来分析，鲜活水产品的营销渠道模式包括：①水产生产者—销地批发商—水产零售商—消费者。这里的水产生产者一般是实力较强的渔业合作社或渔业企业，有能力通过物流运输系统将产品传输于销地批发商。②水产生产者—水产贩运商—销地批发商—水产零售商—消费者。这里的水产生产者一般是小规模养殖户，需要通过水产贩运商将产品输送于销地批发商。③水产生产者—产地批发商—销地批发商—水产零售商—消费者。在水产品主产区，产品集散以及供求信息和价格等需要产地批发商来组织和决定。④水产生产者—水产贩运商—产地批发商—销地批发商—水产零售商—消费者。水产主产区的小型养殖户有时无法与产地批发商进行对接，需要通过水产贩运商将产品转送给产地批发商。李丽杰等（2017）认为，鲜活水产品营销渠道的主要模式有：以批发市场为主导的鲜活水产品渠道模式、养殖户与超市对接主导型的鲜活水产品渠道模式、以加工企业为主导的鲜活水产品渠道模式。葛光华认为，水产品营销渠道可分为冷冻水产品渠道、冷鲜水产品渠道、鲜活水产品渠道三种类型，这三种类型分别代表了水产品营销渠道的不同模式。冷冻水产品营销渠道流通模式为：生产者海上保鲜—冷藏库—加工厂—冷链运输—零售冷藏—消费者；冷鲜水产品营销渠道流通模式为：生产者—产地批发市场—销地批发市场—零售市场—

消费者;鲜活水产品营销渠道流通模式为:生产者—贩运商—超市或集贸市场—消费者(葛光华,2001)。张志乔从一般意义上研究了生鲜农产品的营销渠道问题,认为生鲜农产品的营销渠道有四种模式:① 以批发市场为核心的营销渠道模式。该模式流通路线为生产者—加工企业—批发市场—超市或集贸市场—消费者。② 以龙头加工企业为核心的营销渠道模式。该模式流通路线为生产者—商贩—加工企业—批发市场—超市或集贸市场—消费者。③ 以连锁超市为核心的营销渠道模式。该模式流通路线为生产者—商贩—批发市场—配送中心—连锁超市—消费者。④ 以配送中心为核心的营销渠道模式。该模式流通路线为生产者—配送中心—超市或消费者(张志乔,2012)。上述学者关于海产品营销渠道模式的研究,是从水产经营规模、水产品类、水产品质、产业链发展等不同角度提出的不同观点,这些不同观点更多的是基于实践经验的总结和提炼,因而是互为补充的,而不是相互排斥的。海洋渔业产品生产者和海洋渔业产业链的其他运营主体可从自身实际出发选择不同的营销渠道模式。

三、海产品营销渠道选择

海洋渔业产品营销渠道的选择,首先需要分析影响营销渠道选择的因素。从一般营销理论与水产品营销实践的结合上来分析,影响海洋渔业产品营销渠道选择的因素主要有:第一,产品特性。主要包括海产品的种类、产品价值、产品新鲜度等,海产品分为鱼类、贝类、藻类等不同类别,同一类别又有不同品种、不同品质、不同加工方式的产品,不同产品的单位价值存在差异,有些产品的价值差异很大,同时许多产品又有鲜活、冷鲜、冷藏、冷冻之分,这些产品特性从根本上影响到营销渠道的选择。第二,生产者的经营规模和经济实力。海洋渔业产品的生产者包括个体渔户、渔民股份合作社、渔业公司等,不同的渔业生产经营组织,其经营规模、生产效率、产出水平、经济效益和经济实力存在很大差异,这些差异既影响到营销渠道模式的选择,又影响到生产者对营销渠道的控制能力。第三,加工商和运营商的核心能力。处在海洋渔业产业链上的鲜活产品生产者、加工企业、运营商等,哪一个主体占主导地位和核心地位,往往决定了营销渠道构造和选择的不同模式。海产品加工企业如果具有加工技术的核心能力,那么加工企业就将主导营销渠道的选择;海产品运营商如果具有营销网络扩散、控制和管理的核心能力,那么运营商就将主导营销渠道的选择。第四,市场需求和市场竞争性。市场需求因素包括市场需求量、市场需求的层次、市场需求的地理分布、市场需求的季节性、消费者偏好、消费者的消费习惯等,这些市场需求因素影响到生产者对中间商、零售商的不同选择;水产品市场的竞争程度、竞争策略、淡水产品的威胁程度、消费者与生产者和运营商讨价还价能力等,也在较大程度上影响到营销渠道的选择。

基于上述影响因素的分析,海洋渔业产品的生产者、加工企业和运营商根据自身实际、面向市场需求,可从不同角度出发选择各具特点、各具优势的营销渠道模式。品种杂、价值小的海产品生产者,可选择通过贩卖商、批发商、零售商到消费者的营销渠道;品种单一、价值大的海产品生产者,可选择供销对接、配送专卖以及电商平台主导的营销渠道;鲜活海产品可选择供销对接、直接配送的营销渠道;冷鲜海产品可选择批发配送、超市零售的营销渠道;冷冻海产品可选择冷链物流、贩卖、批发、零售的营销渠道;实力雄厚的海洋渔业企业可选择并建立自己控制的加工、分销、配送、销售一体化的营销渠道;掌握高新技术的海产品加工企业可选择并建立以加工产品为主导、连接订单生产和定点销售的一体化渠道模式;掌握网络信息技术和网络管理能力的海产品运营商可选择并建立以网络配送、网络销售为主导、拉动和牵引规模生产和规模加工的一体化渠道模式。

第三节　海洋渔业产品关系营销理论

一、海产品关系营销及其市场模型

"关系营销"是 20 世纪 80 年代美国学者伦纳德·L·贝瑞(Leonard L Berry)提出的营销概念,认为关系营销是吸引、维持和增强客户关系。后来,许多学者从不同角度对关系营销的含义做了阐述和发挥,进一步丰富了关系营销的内涵。广义的关系营销是指企业通过识别、获得、建立、维持和增进与客户及其他利益相关者的关系,在市场营销活动中建立和巩固长期稳定的营销关系,有效实现信息和价值的相互交换,求得彼此的协调发展(阿德里安·佩恩等,2001)。传统营销理念的核心是"交易",即将企业与顾客的关系看成一种简单的利益和价值交易关系,并且以为营销的唯一对象就是顾客;而关系营销的核心理念是"关系",强调保持和巩固与顾客及其他利益相关者的长期稳定关系,营销对象包括顾客、供应商、分销商、金融机构、政府、内部员工等,以此构建企业生存和发展的保障体系和关系网络。在现代信息技术的支持下,企业的关系营销以及关系网络的扩张和维持获得了一种低成本、高效率的工具和手段。

按照关系营销理论,海洋渔业产品生产者的关系营销分为三个层级:一级关系营销,即渔业产品生产者通过价格策略、价值让渡等手段吸引和巩固产品消费者,如对海产品消费大客户、稳定的消费客户予以价格优惠、保证产品高质量精准供应等,以此建立长期的稳定交易关系;二级关系营销,即渔业产品生产者不仅通过价格策略和价值让渡等手段吸引和巩固顾客,而且进一步深入研究细分市场,调查和了解目标客户的消费习惯和消费偏好,通过为顾客提供个性化的产品和服务来巩固和维持消费者与生产者的长期关系纽带,主要形式是建立顾客档案、与顾客定期沟通、建立正式或非正式的顾客组织等;三级关系营销,即渔业产品生产者与消费者形成"双边锁定"的合作伙伴关系,在此基础上,将关系营销拓展至供应商、分销商、竞争者等,构建结构性的营销关系网络。大宗海产品、鲜活海产品、高端海产品营销应拓展到三级关系营销。海洋渔业产品生产者在关系营销过程中,应主动与顾客和其他利益相关者沟通,建立多边信息和价值互动关系,为顾客创造更多的感知价值。同时,建立以信任和承诺为核心的情感纽带,信任和承诺是关系营销中各方都珍视的长期愿望(汪涛等,2004)。

从营销活动的市场范围来分析,海洋渔业产品关系营销的市场模型包括以下六个维度:① 顾客市场。维持和巩固与顾客长期持续的关系是关系营销的核心,因此海产品生产者应确立以消费者市场为中心的营销理念,不断了解和准确把握顾客需求,以优质产品和服务满足顾客需求,不断提高顾客消费满意度,由此建立生产者与顾客的合作伙伴关系。② 供应商市场。目前,海洋渔业主要表现为海水养殖业。海水养殖户和养殖企业的供应商主要包括养殖种苗、养殖饵料、养殖药物、养殖设施的提供者。能否与这些供应商建立和保持稳定的合作关系,对于降低养殖风险、提高养殖效率至关重要。③ 分销商市场。由于海水养殖业经营分散、产业集中度较低,大多数养殖户和养殖企业主要依赖于贩运商、批发商、零售商等实现产品分销,从一定意义上说,这些分销商是海产品生产者的直接客户,生产者与分销商能否建立起密切、顺畅、彼此信任的关系,不仅影响到产品营销的效率,而且在很大程度上决定着海产品的消费质量。④ 竞争者市场。海产品生产者之间出于资源互补、降低经营风险、共同维护海洋生态环境等考虑,变单纯的竞争关系为竞争合作关系,在技术研发、灾害防御、环境保护、员工培训等方面展开紧密合作,在竞争中实现共赢。⑤ 内部市场。企业员工构成关系营销的内部市场,企业内部员工是否满意、对本企业是否忠诚,决定了企业能否为顾客提供满意的产品和服务。海产品生产的特殊环境、产品生产的周期性以及产品生产过程的机会主义道德风险等,决定了内部市场关系营销的重要性。⑥ 环境市场。海洋渔业产品生产经营所处的外部环境,如资源生态环境、服务环境、社区环境、政府环境等都有其相应的产权主体和利益主体,生产者与这些利益相关者建立怎样的协调、合作和支持关系,影响并决定着海洋渔业产业的可持续发展。

二、海产品关系营销治理机制

海洋渔业产品生产者的关系营销尽管涉及多个市场维度,但关系型营销渠道是主要的,即关系营销主要是在营销渠道的各个环节中展开的,关系营销治理也主要表现为渠道关系的治理。营销渠道的本质是交易和交换,关系营销是通过构建长期稳定的关系来巩固营销渠道的交易和交换(熊元斌等,2005)。海产品生产者与中间商通过建立合作型、伙伴型的营销渠道关系,以达到提高营销渠道运营效率和运营质量的目标,同时以双向或多向密切沟通与协同、利益关系的长期导向、彼此信任与承诺、实现双赢或多赢为基点,来共同实现对营销渠道关系的长期维持与控制。从理论上说,关系营销治理有许多分类:单边与双边治理、契约治理与规范治理、契约治理与关系治理、关系治理与非关系治理等。有学者认为,渠道关系有传统型、一体化、关系型三种模式,依据渠道关系、治理行为和权利三个维度,可以划分出四种渠道关系治理机制,即基于企业产权的单边权利治理机制、基于企业优势的单边权利治理机制、基于权利对等的契约型单边治理机制、基于权利对等的关系规范型双边治理机制(范小军等,2007)。有些学者立足于关系营销治理的构成维度来研究关系治理问题,认为关系营销治理包含信任、承诺、协调和联合解决问题四个变量,然后将这四个变量合成一个总的关系治理机制进行结构方程分析(陈灿,2012)。海洋渔业产品关系营销治理受多种因素影响,带有很大的特殊性,一方面,海产品生产经营具有极大的不确定性,主要包括渔业生物资源的不确定性、海水生产环境的不确定性、海水产成品的产量与质量的不确定性、产品质量在储运营销过程的不确定性等,这些不确定性因素往往造成关系营销过程中的违约风险,因而单纯的契约治理机制不能有效巩固渠道关系的长期稳定性;另一方面,贯穿于海洋渔业产品的生产、加工、运输、冷藏、分销过程的资源、技术、设备和设施等具有极强的资产专用性,高强度的资产专用性有利于强化渠道关系的持续稳定,并且能够培育和形成渠道关系各利益主体之间约定俗成、自觉遵守的行为规范。良好的行为规范能够有效弥补单纯的契约治理机制的不足。根据上述分析,海洋渔业产品关系型营销渠道治理,应该采用契约治理与行为规范治理有机结合的治理机制。契约治理是对渠道关系各个交易主体的硬性约束,渠道成员在权利对等的基础上,以契约的方式约定交易条件、交易期限、交易规则等,契约安排应该是不完备性契约,即契约的个别细微条款可以根据海洋渔业产品生产经营的不确定性因素而随时加以调整。许多研究表明,行为规范是一种非常有效的治理机制,在某些场景下即使交易关系存在一个最初的书面协议,但交易双方可能并不遵守正式的契约安排,行为规范在很大程度上决定了双方的交易行为(张闯等,2009)。海洋渔业产品生产运营的资产专用性、渔村和渔民社会的紧密型地缘文化、渔业产品中间商与生产者的自然亲缘关系等,共同生成了以信任、承诺、合作、团结、相互依存、重情重义为主要内容的行为规范和价值观,这些行为规范和价值观在海洋渔业产品渠道关系发生冲突和矛盾时,能够以"联合解决问题"的方式来维持和巩固渠道关系的稳定。

第四节 海洋渔业产品绿色营销理论

一、海产品绿色营销组合策略

绿色营销是 20 世纪 70 年代在欧洲国家提出的营销理念,20 世纪后期被人们所广泛接受,并成为适应 21 世纪消费需求的主流营销理论和营销模式。绿色营销是满足生产者、消费者、社会、资源与环境等多方面需求,通过绿色生产、绿色产品、绿色价格、绿色市场、绿色消费等营销组合,在协调和统筹经济、社会、环境的基础上,可持续地为消费者提供绿色安全的产品。绿色营销经历了注重生态与资源维护和改善的"生态型"绿色营销、注重环境协调和环境管理的"环境型"绿色营销、注重资源可持续利用和环境可持续发展的"持续型"绿色营销等不同阶段。绿色营销的核心是按照经济、资源、环境、社会可持续协调发展的理念,选择和确定绿色营销组合策略。

在海洋渔业产品生产和营销过程中贯彻绿色营销理念十分重要。在近海环境污染、生态破坏、渔业资源枯竭、海水规模化养殖用药和排放带来的外部性影响等不断加剧的情况下,消费者对海产品的食品安全问题提出了越来越多的质疑。因此,必须从源头上、从渔业资源利用和渔业生态环境维护的角度确保清洁生产与绿色生产,同时在产品营销和物流的各个环节和整个过程中保证产品的质量安全。有学者认为,水产品绿色营销是指水产企业既要考虑充分满足消费者对绿色水产品的消费需求,实现水产企业收益最优化,又要特别注重水资源环境的生态平衡,从而产生良好的生态效益与社会效益的过程(胡月英,2007)。海产品绿色营销体现在一系列的营销策略组合上,具体包括如下内容:① 绿色产品策略。绿色营销首先要开发和生产绿色产品。绿色产品是一个整体概念,从产品生产、产品包装到产品分销的全过程都要贯彻绿色理念。绿色海产品生产的重点在于种苗质量、水环境质量、饵料质量、病害防治方式以及养殖污染处理水平等;海产品加工、包装、冷藏、运输、销售等各环节都要体现环保、安全的绿色质量标准,其中产品包装最为关键,进入冷链物流的产品应采用可降解塑料包装、干货水产品应采用纸质包装、鲜活水产品应采用清洁无污染循环包装等。② 绿色价格策略。绿色水产品价格包括了环境保护、污染治理、绿色包装等成本,因此产品价格一般较高。随着消费者的绿色、安全消费意识日益增强,较高的绿色水产品价格在一般意义上是能够被消费者接受的。但是,绿色水产品价格的制定,必须充分考虑市场需求、市场潜力、市场竞争等因素,深入分析和研究消费者的绿色消费心理,采取合理可行的价格策略,使绿色产品价格既能被消费者所接受,又有利于提高绿色产品的市场竞争力。③ 绿色渠道策略。一方面,在中间商、分销商的选择上必须体现绿色要求,水产品渠道商应确立绿色环保理念,在水产品的冷藏设备、冷藏技术、运输工具、零售方式等方面做到绿色环保和绿色运营;另一方面,通过建立电商网络渠道、高端配送渠道、网络专卖渠道等,采用物联网等现代信息技术,实现水产品的快捷、精准运营,从而达到绿色环保的营销目标。④ 绿色促销策略。绿色促销在于向消费者、市场和社会推广海产品生产者的整体绿色形象,如宣传和推广水产品的绿色健康养殖生态环境、绿色健康养殖过程、绿色健康产品标准、绿色健康包装、绿色环保运营以及产品生产者对海洋渔业资源保护、海洋生态环境治理承担的社会责任等,在此基础上实施水产品绿色品牌策略。在水产品出口、水产品国际贸易过程中,实施绿色产品品牌工程尤为重要(虞吉林等,2002)。

二、海产品绿色营销保证体系

海洋渔业产品的绿色营销过程，需要建立绿色安全的质量保证体系。第一，建立绿色海洋渔业产品质量标准。目前中国水产品已有400多项国家和行业标准，但与海洋渔业的快速发展和市场需求相比还有相当大的差距，许多质量标准需要进一步完善或重新制定，特别是关于渔业种质、饲料、渔药等健康卫生质量标准以及水产品加工、包装、储存、运输等质量安全标准应尽快修改完善。海产品绿色质量标准可以分为不同层次以适应不同的消费市场（胡月英，2007）。在海产品流通过程中，应建立市场准入质量标准、优质专卖质量标准、产品出口质量标准等。第二，开展绿色海洋渔业产品质量认证工作。1999年成立的中国水产品质量认证中心是国内最权威的水产品质量认证机构，海产品生产企业应积极参与认证，获得绿色产品标志，通过参与认证切实建立绿色产品质量保证体系。同时，海洋渔业产品出口企业还应积极参与HACCP国际标准认证，HACCP国际标准强调水产品生产的水域环境、加工工艺、包装、产品内在质量等绿色标准，强调从产品开发、生产到产品运输、销售等各环节的绿色质量标准，水产品生产企业只有通过HACCP认证才能突破水产品国际贸易的绿色壁垒。第三，建立绿色海洋渔业产品质量安全可追溯体系。绿色海产品质量可追溯体系是一个复杂的系统工程，该体系以海产品供应链为中心，由水产品供应商、水产品生产加工商、水产品分销商等主体构成一个快速反应的逆向物流信息网络，其中各个节点彼此关联、相互作用，共同组成一个有机的信息系统整体，实现产品质量信息可追溯的目标。可追溯的产品包括鲜活水产品、冰鲜水产品、冷藏水产品、干鲜水产品等；可追溯的主体包括海产品养殖户、加工企业、批发商、运营商、零售商、政府监管部门等；可追溯的信息包括海产品养殖信息、加工信息、包装信息、出入库信息、物流信息等（王宏智等，2017）。绿色海洋渔业产品质量安全可追溯系统，采用从消费者到养殖户的追溯模式，依据海产品生产和运营流程，提出水产品养殖、加工、包装、检验、运输、销售等环节的追溯要素，建立关于养殖企业资质认证信息、产品生产信息、产品加工信息、产品包装信息、产品出入库信息、产品物流销售信息等质量安全信息数据库，为实现产品质量安全可追溯提供信息支持（陈惠惠，2008）。在海产品流通中，根据流通环节的重要程度设置不同形式的信息标签，用UCC/EAN-128条码实现产品的唯一标识，消费者通过该条码可以查询到水产品的生产加工厂商、产品批次、中间商等相关信息,从而实现产品质量安全的可追溯性(潘澜澜等,2012)。此外,部分学者从水产品流通渠道、渔业产业组织模式的角度研究了水产品质量安全保证问题,认为压缩水产品流通渠道的层次,减少水产品的多级收购和批发环节,减少仓储和运输环节,探索现代水产品流通方式,提高水产品流通速度,对于保证水产品质量安全至关重要(孙琛等,2014)。同时,建立纵向一体化与水平合作相结合的渔业产业组织模式也有助于提高水产品的质量安全,水产品质量安全的监控是由产业自组织机制实现的,产业组织的依存情境、利益联结机制和激励约束机制,为水产品质量安全保证提供了有效解决方案(高小玲,2014)。

第五节　海洋渔业产品电子商务营销理论

一、海产品电子商务营销模式

电子商务是指通过互联网信息技术开展的商务贸易活动。海洋渔业电子商务是电商一般运营模式在渔业行业中的具体应用。海洋渔业产品电子商务营销是通过网络信息平台进行产品供求和价格信息发布、进行产品推广和产品销售的流通方式。中国水产品市场规模庞大、产品交易量高,市场交易和流通涉及物流、信息流、资金流等许多环节,传统的流通模式已经暴露出很多弊端,在互联网信息技术迅猛发展的当代,发展电子商务营销模式是一个必然的趋势(叶超等,2015)。海产品电子商务营销的一般原理是,通过网络信息平台管理和控制水产品生产、供应和营销过程,通过大数据分析和预测市场供求及发展趋势,运用电商平台实现产品咨询、产品交易和支付结算,通过电商物流系统实现产品配送的全程监控和精准到位(杨逸,2016)。鉴于海产品具有价值高、易腐烂、不宜长期储存等特点,电子商务营销的快捷、便利、不受时间与空间限制的特征具有传统营销模式无法比拟的独特优势。

海洋渔业产品电子商务营销模式主要有以下四种:① B2C 或 C2C 电商营销模式。该模式通过综合性第三方电子商务平台发布供应信息或者建立网上销售店,如京东商城和阿里集团旗下的淘宝、天猫等。电商企业通过建立网上服务平台,为买卖双方提供一个在线交易场所,卖方发布产品及价格信息,买方自行选购产品,产品配送通过第三方物流公司来实现。这种电商营销模式依赖于第三方网络服务平台的建设,第三方电商平台的品牌塑造、业务分类、客户服务、物流配送、金融服务等直接影响到进入该平台的客流量。淘宝网于2012年开设了生鲜水产品经营项目,随着服务平台建设的不断加强,海鲜水产品的销售量逐年增长。② B2B电商营销模式。该模式通过专业海产品网站发布产品、服务等各类商务信息,一般采用中国海产网、各种海产品批发市场网络平台等。这类专业海产品网站一般提供综合性的海产品信息及相关服务,即只提供海产品信息沟通平台,只是在网上发布供销信息,而缺乏物流、金融等支持性服务功能,买卖双方在线下完成交易过程(赖媛媛等,2015)。③ O2O电商营销模式。这是一种线上与线下有机结合的营销模式,消费者通过电商线上服务平台下单后,电商平台将订购信息传递给海产品生产企业,接到订单的企业将订购的海产品输送到配送中心,配送中心再将产品输送到线下实体店,消费者可以选择送货上门、代收、自提等不同方式。O2O电商营销模式有效地将生产企业与消费者相结合,极大地提升了消费者的体验感和企业的参与度,扩大了产品销量,已经被众多海产品企业所采用(王晓玲等,2016)。④ C2M电商营销模式。该模式通过海产品生产企业自建网络服务平台,实现了消费者个性化需求与企业个性化加工、再到消费者个性化满足的无缝对接,这是一种以消费者需求为导向的生产与服务一体化的电商营销模式。消费者将个性化需求信息上传于海产品生产企业网络服务平台,服务平台将消费者个性化订单信息传输于企业生产单元,个性化订单经生产加工后通过检验,通过检验的个性化产品直接配送给消费者。这种电商营销模式的基础是,海产品生产企业一般在线下拥有了相当数量的固定顾客群体,并且生产企业提供的一般是高端的或相对稀缺的海产品。上述四种电商营销模式各具特点,同时也代表了海产品电商营销模式的不同层次和不同发展水平。海产品生产和经营企业应该根据自身成长发展的不同阶段以及生产和经营产品的不同种类与层次,选择适合自身实际与特点的电子商务营销模式。

二、海产品电子商务营销模式的优化与发展

目前,通过电子商务营销的海产品主要是海鲜干货和冷冻海产品,产品覆盖面不够广,同时海产品的标准化程度较低,消费者获取产品内在品质、等级、新鲜度、营养价值、加工原料等方面的信息较为困难;与线上服务相结合

的线下物流配送体系不够健全,物流服务技术和服务设施需要进一步完善;网络营销的服务功能较为单一,缺乏必要的营销技巧与营销手段等。因此,必须从促进和推动海洋渔业产业可持续发展的战略出发,进一步优化和发展海产品电商营销模式。

优化和发展措施包括如下方面:第一,进一步建立、健全海产品的标准化体系。常规电子商务营销需要产品的标准化。海产品的标准化体系是指从育苗、养殖、加工、包装到配送的整个过程的质量标准,质量标准应有相应的数据指标加以描述。海产品的养殖、加工、包装应执行标准化的流程,并实施质量指标监控;海产品的产品种类、产品等级、产品检验、产品储存、产品配送等应有标准化的质量指标规定,并建立产品运营全过程的质量标准监督机制。第二,进一步完善海产品的物流配送体系。一方面,海产品物流配送公司应围绕着物流园区建设、绿色配送渠道建设、物流配送管理信息系统建设、物流配送人力资源建设等加大资本投入,大力开发和采用现代冷链技术,推广现代冷链技术在冷藏设备、产品运输与配送过程中的应用,以冷链技术为支撑,发展宅配物流渠道;同时,大力培育和培养现代物流专业人才,加强物流配送专业队伍建设和物流配送的管理信息系统建设,特别要注重现代智能技术在海产品物流配送管理过程中的应用,以实现物流配送过程的实时管理和智能监控,提高物流速度和配送服务质量。另一方面,海产品物流配送公司应以冷链物流技术、管理信息技术、现代物流专业队伍为支撑,大力拓展海产品物流配送空间和地域范围,推进开放式物流配送网络建设,满足广大消费者对海产品的消费需求(曹继龙等,2011)。第三,进一步优化和拓展网络信息平台的服务功能,提高海产品网络营销技巧。目前,海产品电子商务只是借助于图片、视频、文字等媒体,让消费者通过信息检索和查询了解海产品的相关信息,网络信息平台的服务功能较为单一,应围绕着产品信息全面展示、个性化产品定制、快捷交易、便利结算、顾客信息交流等进一步优化和拓展网络信息平台的服务功能。同时,应针对不同的顾客群体、不同的消费偏好、不同的消费季节等,采取灵活多样的网络营销手段,并借助于移动社交平台,开展微博、微信营销,维持终端客户关系,拓展顾客群体(赖媛媛等,2015)。第四,推动海产品的精深加工,加强海产品品牌建设。随着消费者对海产品的品类、品质、口味、包装等日益展现出的多样化需求,海产品加工必须向精深方向发展,采用新技术开发新产品,提升产品档次,延长产品食用期,开发和采用绿色包装等。通过采用新技术,推动海产品的精深加工,以此确立和提升海产品的品牌。品牌建设对于推动海产品电子商务的发展至关重要,品牌能够赢得顾客的信任,品牌能够降低产品的交易成本和流通成本,品牌能够提升顾客的满意度,品牌能够进一步强化电子商务平台的功能建设等。

上述四个方面的措施,是促进和推动海产品电子商务营销模式优化和发展的基本策略。此外,有的学者认为,在水产品网络营销中应实现 Web2.0 技术与网络零售的有机整合,Web2.0 技术是以消费者个人为基础,以满足个性化需求为目标,通过构建人与人之间的网络关系,形成的社区化生活方式平台。通过该平台实现多样化的水产品零售,并推动个人之间消费方式与消费信息共享(吴维宁,2008)。

| 第三章 |

深蓝渔业发展现状及其趋势

第一节　从传统海洋渔业到深蓝渔业的战略转变

一、传统海洋渔业及其历史发展

海洋渔业是通过开发利用海洋生物资源获取水产品的生产经营活动。我国拥有 300 多万平方千米的海洋国土面积,18000 多千米的大陆海岸线,滩涂面积约 2.17 万平方千米,20 米以内浅海滩涂约 15.7 万平方千米,40 米等深线所围浅海面积约 41.3 万平方千米,海洋渔业发展空间十分广阔。传统海洋渔业包括近海捕捞业和海水养殖业。我国近海捕捞业具有悠久的发展历史,世世代代的沿海渔民长期以海水捕捞为生。从新中国成立后到改革开放之前,在海洋渔业发展中,海水捕捞业一直占主导地位,1957 年在海洋水产品总量中,海洋捕捞量占 93.7%,海水养殖产量仅占 6.3%,之后近海捕捞量长期保持不断增长的态势(向晓梅,2017)。改革开放之后,伴随着海水养殖业的兴起和发展,近海捕捞业也曾一度处于高速增长期。20 世纪 70 年代的平均增长率为 3%,80 年代的平均增长率为 7%,90 年代的平均增长率为 9%。1999 年近海捕捞总产量达到 1203.5 万吨。按照省份划分,山东省的近海捕捞产量列全国沿海省份之首,其次为福建省、广东省、辽宁省。按照渔获物结构划分,鱼类在海水捕捞产品中所占比重最大,占总产量的 66% 以上;其次是甲壳类,所占比重为 16% 左右;头足类所占比重为 8.4%;藻类产品量最小,仅占总产量的 0.3%。进入 21 世纪以来,我国对近海捕捞业进行控制管理,控制对海洋渔业资源的过度利用,控制捕捞渔船总量和功率数,实施近海捕捞产量负增长的发展政策和渔船"双控"制度,进一步强化捕捞许可管理。严格执行季节性的休渔和禁渔规定,鼓励捕捞渔民转产转业,加快渔船设备的更新换代,优化和调整近海捕捞业。"十二五"以来,近海捕捞总产量基本稳定在1300万吨左右,近海捕捞业进入平稳发展阶段(孙瑞杰等,2015)。近些年来,随着近海渔业资源的萎缩和枯竭,海洋捕捞业由近海走向远洋,远洋渔业获得快速发展。2016年我国拥有远洋渔船2571艘,总功率达到240.4万千瓦。远洋捕捞作业主要分布于东南亚、南美、西非等的40多个国家和地区的专属经济区和公海。2016年全国远洋捕捞产量达到198.75万吨,2017年达到208.62万吨。目前我国远洋船队规模和远洋捕捞产量已经超过了美国、欧盟成员国、俄罗斯、日本等国家(韩立民等,2018)。

改革开放之后,我国《渔业法》确立了"以养殖为主,养殖、捕捞、加工并举,因地制宜,各有侧重"的渔业发展总方针,海洋渔业发展方式由海洋捕捞业转向沿海和近海养殖业,在政府一系列政策的推动下,伴随着海洋渔业生产经营组织的不断变革,海水养殖业获得了快速持续发展。1978～1990年海水养殖业产量年均增长速度为13.8%,1991～2000年年均增长速度为20.6%,海水养殖规模不断扩大。1978年我国海水养殖产量只有45万吨,2013年增长到1739.25万吨,增长了37.6倍,年均增长11%,占世界海水养殖产量的37.5%(孙瑞杰等,2015)。受养殖空间、生态环境等因素的影响,2001～2010年我国海水养殖业产量年均增速逐步下降,2011～2015年海水养殖产量年均增长率为4.79%。2016年我国海水养殖产量为1963.13万吨,2017年为2000.7万吨。

表3-1 2013～2017年我国海水养殖面积

单位:千公顷

年 份	2013年	2014年	2015年	2016年	2017年
鱼类	80.11	80.59	84.05	84.98	89.92
甲壳类	286.27	305.58	314.22	317.66	299.05
贝类	1564.97	1530.41	1526.64	1359.2	1286.77
藻类	121.99	124.99	130.56	140.82	145.26
其他类	262.24	263.9	262.29	264.06	263.07
总 计	2315.57	2305.47	2317.76	2166.72	2084.08

数据来源:《中国渔业统计年鉴》

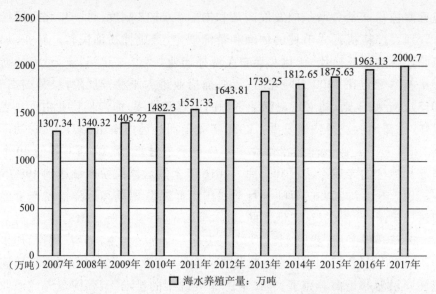

图 3-1 2007～2017 年我国海水养殖产量走势

数据来源:《中国渔业统计年鉴》

　　推动海水养殖业发展的关键是采用现代养殖技术,丰富和优化养殖品类,扩大养殖规模,实现海水养殖的规模化和产业化(顾虹,2018)。基于现代养殖技术,实现海水规模化养殖的方式有滩涂池塘养殖、沿海工厂化养殖、水下大型网箱养殖、近海渔牧化养殖等。海水养殖的种类包括鱼类、甲壳类、贝类、藻类等。鱼类养殖的主要品种有大黄鱼、鲈鱼、鲆类、石斑鱼等;甲壳类养殖的主要品种有南美白对虾、斑节对虾、中国对虾、日本对虾、梭子蟹、青蟹等;贝类养殖的主要品种有牡蛎、蛤类、扇贝、贻贝等;藻类养殖的主要品种有海带、江蓠、裙带菜、紫菜、羊栖菜等。从 1990 年以来,上述海水养殖品种均不同程度地实现了逐年增长,但近年来,海水养殖面积、滩涂养殖面积都呈现出不断下降的态势。

表 3-2 我国海水养殖分类产量年度变化(1990～2017 年)

单位:万吨

年份	总产量	贝类	甲壳类	鱼类	藻类	其他
1990	162.3	112.2	18.9	4.3	26.9	0
1995	412.3	309.9	11.6	14.5	73.9	2.4
2000	1090.2	860.7	34.3	42.7	120.2	32.3
2005	1384.7	1067.5	82.8	65.9	151.1	17.4

续表

年份	总产量	贝类	甲壳类	鱼类	藻类	其他
2010	1482.2	1108.2	106.1	80.8	154.1	33.0
2011	1551.4	1154.4	112.7	96.4	160.2	27.7
2012	1643.8	1208.4	125.0	102.8	176.5	31.1
2013	1739.3	1272.8	134.0	112.4	185.7	34.4
2014	1812.8	1316.6	143.4	119.0	200.5	33.3
2015	1875.7	1358.4	143.5	130.8	208.9	34.1
2016	1963.3	1420.8	156.5	134.8	217.0	34.2
2017	2000.4	1437.1	163.1	141.8	222.7	35.7

资料来源:《中国渔业统计年鉴》

新中国成立以来,我国海水养殖业经历了五次发展浪潮。20世纪60年代兴起的海水养殖业第一次发展浪潮,是以海带养殖为主要代表的海藻类养殖产业的大发展,期间在江苏、浙江、福建、广东等沿海地区广泛分布着一系列海带养殖基地,海带养殖产量实现了大幅度增长。20世纪80年代出现了海水养殖业的第二次发展浪潮,这次发展浪潮以虾类养殖为代表,对虾养殖面积迅速扩大,对虾养殖产量逐年增长。20世纪90年代兴起了以贝类养殖为主导的第三次发展浪潮,贝类养殖以扇贝为主,扇贝养殖的大发展使其成为海水养殖的主要产业。进入21世纪,我国海水养殖业出现了第四次发展浪潮,这次发展浪潮以鲆鲽养殖产业为代表,鲆鲽鱼类品种的开发及其养殖产量的迅速增长,将我国海水养殖业的发展推上了一个新的阶段。近些年来,我国海水养殖业正在经历第五次发展浪潮,这次发展浪潮以海珍品如海参、鲍鱼养殖为代表,海珍品养殖的发展提升了传统海水养殖业的层次。

目前,我国沿海地区正在大力推进"海洋牧场"和"蓝色粮仓"建设。"海洋牧场"是通过在近海大规模投放人工渔礁,实现大规模生态化海水养殖的模式。这种养殖模式有利于克服滩涂养殖面积的不足,能够拓展海上养殖空间,有利于推动海水养殖的规模化和产业化。但"海洋牧场"的养殖方式在本质上与传统海水养殖基本一致,并且大规模的牧场建设所产生的资源环境效应需要进行全面综合评价(孙松,2016)。"蓝色粮仓"是以海洋空间为依托,以海洋高新技术为驱动,高效率地开发利用海洋生物资源,以海洋水产品生产及其关联产业为载体的海洋食物供应系统(韩立民等,2018)。没有疑问,"蓝色粮仓"建设的核心是海洋食物的有效供给,海洋食物供给有赖于海水养殖业的发展,而海洋养殖空间的拓展、海水养殖模式的创新、海水养殖业的转型升级,仍然是一个亟须研究的课题。

二、传统海洋渔业的发展困境

近十多年以来,海洋渔业产业发展面临的资源环境日趋恶化,在资源与环境双重约束下,海洋渔业增长率不断下降,近岸渔业海域面积呈缩减态势,同时近海捕捞业和海水养殖业越来越暴露出一些难以解决的问题,传统海水养殖模式难以为继,传统海洋渔业步入一个十分困难的发展境地。

(1)近岸海域生态环境恶化,渔业资源近乎枯竭。传统海洋渔业存在着过度捕捞与过度养殖的"双过度"问题,一方面,近海长期展开的过度捕捞,严重破坏了渔业自然资源,传统经济鱼类资源趋向枯竭,渔获物日趋小型化、低龄化和低值化;另一方面,海水养殖业的粗放式快速增长超过了近岸养殖水域的承载能力,出现了多度养殖的问题,过度养殖与陆上排污一起造成了近岸海域生态环境的严重污染。海水养殖带来的环境污染主要表现为养殖过程产生的污水、残饵、药物残留、养殖排泄物等造成的养殖海域富营养化以及底质有机物、病菌、重金属超标等。海洋生态环境的严重污染,导致海洋生态系统结构失衡、海洋生物多样性减少、海洋生态灾害频发等,从而进一步加剧了海洋渔业资源的严重衰退。

(2)近岸渔业发展空间不断萎缩,海水养殖面积减少。渔业用海空间是海洋渔业发展的基本条件,自海域使用权相关法律颁布以来,尽管渔业用海确权面积呈现不规律、不规则性的增加趋势,但随着近岸海域开发步伐的不断加快,以及与此相伴随的海洋环境污染的不断加剧,渔业发展的可开发利用空间资源正在逐渐减少。在沿海地区城市化、城镇化加快推进的背景下,近岸海域养殖空间正在被不断侵占和挤压,其中最为典型的是填海造地。自《海域法》实施以来,全国累计确权填海造地面积达 1921.64 平方千米,并且仍然呈逐年扩大态势。从 20 世纪中后期以来,我国滨海湿地面积平均每年减少 200 平方千米以上,潮间带湿地累积丧失 57%,海岸带栖息地大面积减少,滨海湿地生态功能大量永久性丧失,海洋渔业的发展空间日趋萎缩(曹英志等,2015)。

(3)海水养殖技术和养殖方式落后,海产品安全问题凸显。中国拥有世界上最大的海水养殖产量,但不是海水养殖强国,较高的养殖产量是通过粗放的养殖方式来实现的,存在的主要问题是养殖育种技术、养殖标准化技术、养殖环境控制技术、养殖排放处理技术等相对落后,海水养殖方式仍然以筏式养殖、底播养殖和池塘养殖为主,海水网箱养殖缺乏规模经济效应,深水网箱养殖所占比例较低。落后的养殖技术与养殖方式,再加上海洋生态环境的严重污染以及频发的海洋灾害,造成了海产品的食品安全问题。为治疗养殖病害而滥用抗生素和激素,带来了养殖水产品的药物残留,同时近海的环境污染,使一部分汞、砷、铬、镉、铜、锌等重金属在近岸海域积聚,通过进入养殖环境破坏海产品的质量安全。海产品的食品安全问题,影响了海洋水产品的消费市场成长,阻碍了海产品的出口贸易,给举步维艰的传统海洋渔业蒙上了一层阴影。

三、深蓝渔业发展战略

鉴于传统海洋渔业发展所存在的资源与环境双重约束趋紧、渔业自然资源日益枯竭、海水养殖水域环境污染严重、濒危物种增多、水生动物疫病增多、海产品质量安全存在隐患等诸多问题,调整海洋渔业产业布局,拓展海洋渔业发展空间,推动海洋渔业由近海走向远海和深海,发展离岸、深水、绿色、安全的新型海水养殖渔业,确立和实施深蓝渔业发展战略,是传统海洋渔业实现转型升级的必然选择,也是海洋渔业发展战略的重大转变。

深远海养殖是在远离大陆、水深 20 米以下的海区,依托现代养殖技术和装备,实现水产品规模化、生态化养殖的新模式。目前,深远海养殖的主要品种有金鲳鱼、三文鱼、石斑鱼等。在国外,深远海养殖已有几十年的发展历史,目前已有近 30 个国家和地区通过技术装备研发开展深远海养殖。以挪威、美国、日本为代表的国家在采用大型深水网箱养殖经历了 30 多年的发展,取得了巨大成功。其中挪威较早地实施了从近海到深远海的渔业发展战略,造就了世界产量最大、全球贸易市场占有率最高的三文鱼深水养殖产业。

近些年来,我国政府和学术理论界基于传统海洋渔业遇到的问题和挑战,适时提出了发展离岸养殖、实施深蓝渔业发展战略,并有效推动了技术装备研发和产业发展的实践。国家"十三五"《全国海洋经济发展规划(2016～2020)》明确指出,要进一步拓展蓝色空间,大力发展蓝色渔业。2013 年 2 月,国务院讨论通过了《关于促进海洋渔业持续健康发展的若干意见》,要求控制近海养殖密度,大力拓展离岸养殖和集约化养殖,提高海水养殖设施装备水平和组织化程度。国家农业部于2017年1月制定并印发了《"十三五"渔业科技发展规划》，该《规划》指出，在"十三五"期间渔业科技创新的重点工程之一是研发和构建深远海渔业生产装备体系，开展深远海渔业生产电力推进驱动关键技术研发，渔船船型、高效捕捞成套装备、数字化助渔仪器研发；围绕深远海养殖生产模式构建、船载系统安全性、规模化养殖等核心问题，开展设施装备、作业生产、加工补给等关键技术研究，并进行适用性集成以及系统技术产业化应用，建立多种作业模块相配套的深远海渔业生产平台，构建深远海"养—捕—加"相结合、"海—岛—陆"相结合的渔业生产模式，形成规模化、工业化的深蓝渔业生产体系。2016年7月，由中国水产科学研究院和青岛海洋科学与技术国家实验室发起、36家单位参与，共同成立了"深蓝渔业科技创新联盟"。联盟致力于构建产学研协同创新的技术开发平台，着力突破深蓝渔业科技发展中面临的关键性技术难题，推动深远海渔业发展方式的转变，为深蓝渔业发展战略提供技术支撑，增强我国海洋渔业整体竞争力。

在深蓝渔业发展战略的推动下，我国沿海地区一批大型海洋渔业企业，通过研制和采用大型深水养殖技术装备，纷纷进军深远海，开展深水规模化生态养殖，开发和生产深蓝渔业产品，新型的深蓝渔业产业正在迅速崛起。理论界许多学者认为，深蓝渔业的兴起将成为我国海洋渔业发展的第六次浪潮。

第二节　深蓝渔业及其基本特征

一、深蓝渔业的概念

根据目前学术界和政府部门的一般语言表述，深蓝渔业通常也称为深远海渔业。从理论上说，深远海渔业包括海水捕捞业和养殖业，但远海捕捞业与远洋捕捞业一样，就其发展历史和作业方式而言，同属于传统海洋渔业，均不具有深蓝渔业的本质属性。深蓝渔业提供的是规模化、生态化、绿色安全的高附加值水产品，这样的水产品开发与生产只能依靠现代养殖技术、养殖装备、养殖方式和加工技术来实现，因此，深蓝渔业是特指深远海养殖渔业及其加工和物流产业。

深远海养殖渔业及其产业链何以构成深蓝渔业的实质内容？深蓝渔业的本质内涵是什么？将深蓝渔业称之为深远海渔业，并没有反映和揭示深蓝渔业的本质。目前，尽管深蓝渔业的概念已经被海洋经济理论界和政府官方所普遍采用，但在学术文献和官方文件中，尚没有见到关于深蓝渔业的规范定义。见诸各种媒体的一般表述是：深蓝渔业是在远离大陆的深远海，依托养殖工船或大型浮式养殖平台等核心装备，并配套深海网箱设施、捕捞渔船、物流补给船和陆基保障设施所构成的"养殖、捕捞、加工"相结合、"海洋、岛屿、陆地"相连接的全产业链渔业生产新模式。该表述只是简单描述了深蓝渔业的技术装备支撑体系和基本产业流程，尚没有全面反映深蓝渔业的本质特征。此外，该表述中提到的"捕捞"是指对养殖产品的捕捞，而非传统远海捕捞业。

与近海养殖渔业相比，深蓝渔业体现的是生态、绿色、安全的发展理念，发展模式是以生态化为基础实现规模化养殖、以规模化养殖为基础实现产业化运营。深蓝渔业的发展条件是开发利用深远海水域自然生态资源，其技术支撑是现代大型网箱养殖装备、配套保障设施、现代加工技术和冷链物流技术，其产业构造是集养殖、加工、冷链物流、配送为一体的供应链系统，其生产和提供的产品是绿色安全的高附加值冷水产品。基于以上分析，笔者对深蓝渔业的概念做出如下界定：深蓝渔业是通过开发利用远海深水自然生态资源，采用现代养殖技术装备实现规模化生态养殖，构建养殖、加工、物流配送一体化运营的产业链，生产和提供绿色安全、高附加值冷水产品的新型海洋渔业。

二、深蓝渔业的基本特征

深蓝渔业作为一种新型海洋渔业业态，其发展条件、发展环境、发展模式与传统海洋渔业相比，显示出多方面的自身特性。对深蓝渔业的概念和内涵进行进一步的分析，可以发现深蓝渔业具有如下基本特征：

第一，产业基础环境对深远海水域自然生态资源的高度依赖性。根据我国国家海洋局的界定，所谓远海是指距近岸海域 20 海里之外的海域。深蓝渔业养殖所要求的基本产业环境是：在远海海域、水深 20 米以下的海区、水温在 13 ℃以下，具备稳定的气象条件、水文条件、化学条件、水动力条件和生物条件等（马云瑞等，2017），水质无污染，水流交换率高，水域环境保持自然状态。深蓝渔业的养殖品种、养殖规模、养殖产品的绿色安全性,高度依赖于深远海水域环境的自然生态资源。我国黄海、东海和南海均有大面积的深远海水域适合深蓝渔业养殖。其中较为典型的是"黄海冷水团",该冷水团位于黄海中部洼地的深层和底层,覆盖海域面积 13 万平方千米,拥有 5000 亿立方米的水体,海域温跃层位于海面下 20～30 米,夏季底层水温在 5 ℃～10 ℃,其水文条件和水质标准等非常适宜于冷水鱼类的养殖。

第二,产业发展基础对技术装备体系的高度依赖性。深蓝渔业的发展依靠一整套的贯穿全产业链运营过程的技术装备体系的支撑,离开了现代技术装备体系的支持,深蓝渔业便失去了产业发展的基础。在深蓝渔业养殖过程,技术体系的构成包括:优质品种人工培育技术、营养饲料加工技术、锚泊与定位控制技术、自动投饵等综合养殖技术、养殖环境控制技术、水下视频监控技术、可移动捕捞技术、水下清除技术等,养殖过程技术体系集成的主要载体是深水网箱、养殖工船、综合养殖平台等装备。其中,深水网箱的类型有重力式全浮网箱、浮绳式网箱、美国蝶形网箱、海洋圆柱网箱、强力浮式网箱、方形组合网箱、张力腿网箱、升降式网箱等,深水网箱是深蓝渔业养殖技术装备的核心。在产品加工和物流配送过程,技术体系的构成包括:产品精加工技术、物料处理技术、绿色包装技术、冷链装备技术、流通保鲜技术、物流保障技术、流通网络信息技术、物流增值服务技术、污染物降解技术、食品安全检测技术、食品安全信息追溯技术等,这类技术体系的集成和综合应用,支撑着深蓝渔业产品的加工、运营和价值增值过程。

第三,产品价值增值对产品加工和产业链运营的高度依赖性。与传统海洋渔业产品不同,以三文鱼、金枪鱼为代表的深蓝渔业产品,其养殖产品一般并不直接满足消费需求,养殖产品必须经过一个技术工艺过程才能变成为制成品,相对于加工过程,养殖品只是表现为初级产品或原料,只有通过加工过程才生产出真正意义上的深蓝渔业产品,也就是说,养殖与加工的一体化链接才构成一个完整的产品生产过程,才能形成产品的价值。同样,深蓝渔业产品的营销也不同于传统海产品的销售方式,比如很难通过集市贸易的方式来销售深蓝渔业产品。深蓝渔业产品的流通,依赖特定的营销渠道、特有的冷链物流装备、特殊的配送模式、细分的目标市场,通过高效率、高质量的物流配送模式的设计与服务保障,以提高顾客满意度、增进顾客价值为前提,实现深蓝渔业产品的价值增值。总之,深蓝渔业养殖、产品加工、物流配送等产业链的一体化运营过程,是深蓝渔业产品价值形成及其增值的保证。

第三节　深蓝渔业发展现状

一、国外深蓝渔业发展现状

20 世纪 50 年代以来,世界海水养殖业快速发展,养殖产量逐年增长。进入 21 世纪之后,在海水养殖规模不断扩大的趋势之下,深水养殖业迅速崛起,养殖技术不断创新,养殖装备不断更新,养殖产量持续提升。

挪威是世界上深水远海养殖的领先国家,其深水远海养殖技术在全球独树一帜。长期以来,挪威几乎垄断了深水远海养殖技术的设计和运营市场,形成了从技术设计、种苗培育、深远海放养、养殖品加工到物流销售的完整产业链。挪威目前拥有网箱养殖场 800 多个,每个养殖场有 5～12 只网箱,多数养殖网箱为周长 80～120 米的圆形 HDPE 深海网箱,抗风能力 12 级,抗浪 5 米,单箱养殖年产量可达 200 吨以上(侯海燕等,2017)。HDPE 深海网箱由电脑控制投饵系统,可自动投饵并校正投饵量,配有鱼苗计数器、疫苗注射机、自动捕鱼机、海水过滤循环装备等。挪威的深水远海养殖不断向大型化发展,网箱周长达到 180 米,网深 40 米。2015 年挪威设计建成的大型深海养殖工船,长 430 米、宽 54 米,可容纳 1 万吨三文鱼成鱼。挪威的“超级渔场”是世界上最大的深海智能养殖场,整体容量超过 25 万立方米,总高 69 米,船体总装量达到 7700 吨,配备了各类传感器 2 万多个,可实现全自动监测、喂养、清洁等,“超级渔场”作为一个规模巨大的网箱,可以一次性养殖 150 万条深海三文鱼。挪威的深水远海养殖网箱主要分布在特龙赫姆至罗弗敦外海岛屿及峡湾,以及斯塔万格南部水域、北方的汉宁斯威水域。挪威是世界上最大的三文鱼生产国,三文鱼产量占全球总产量的 60% 以上,每年约向 150 个国家出口三文鱼产品。在深海养殖业快速发展的同时,挪威政府加强了对该产业的管理,实行了养殖许可证制度,对深海养殖场的设置海区、养殖期限、网箱密度、投饵量等做出了有关法律规定(刘晋等,2006)。

丹麦的专属自治区法罗群岛海域是三文鱼的著名养殖区,法罗群岛位于丹麦本土与冰岛之间,地理位置偏远,岛上居民长期致力于发展海水养殖业,其中主要养殖三文鱼,养殖规模和养殖产量居世界前列。法罗群岛从 2003 年开始实行严格的深海养殖管理法规,严禁在三文鱼养殖中使用抗生素,严格控制养殖网箱的密度,严格规定饵料标准,确保三文鱼的养殖品质。

从 2013 年开始法罗群岛成为中国最大的三文鱼供应方，2013 年中国从法罗群岛进口了 7672 吨三文鱼，占总进口量的 48％；2014 年中国从法罗群岛进口了 11459 吨三文鱼，比上年增长了 33％；2015 年中国从法罗群岛进口了 15860 吨三文鱼，进口量位居第一。

日本的深海网箱养殖起步较早，网箱类型主要有钢质框架浮式网箱和自浮框架式网箱，包括 HDPE 网箱、FRP 网箱、橡胶管网箱等。近年来日本研发的浮动式巨型养殖网箱，长 112 米、宽 32 米，深度在 30～100 米以内可以人工调节。尽管日本的深水养殖装备在不断进步，但受多种因素的影响，其深水远海养殖没有实现规模化，深水远海养殖的组织化、产业化程度不高。

智利是全球主要的三文鱼生产和出口国，其漫长的海岸线为海水养殖业的发展提供了得天独厚的条件。智利的深海网箱养殖技术走在世界前列，近些年来，深水养殖面积和养殖产量不断增长，并开发了犬牙鱼、南极鳕鱼、黄金深海鳗等经济价值较高的鱼类品种。智利除了养殖三文鱼和海鳟鱼之外，还大量养殖太平洋银鲑。智利的冷冻三文鱼极富特色，从 2013 年以来，中国从智利进口了大量的冷冻三文鱼。2015 年中国从智利进口了 8827 吨冷冻三文鱼，从苏格兰进口了 2458 吨，从法罗群岛进口了 958 吨，从挪威只进口了 276 吨冷冻三文鱼。

苏格兰的三文鱼养殖从 1980 年发展到今天，取得了非凡的业绩，成为继挪威、智利之后的第三大三文鱼养殖国。苏格兰的三文鱼养殖以其品质优良而著称，西海岸的海域环境十分适宜于养殖三文鱼，在清澈宁静的峡湾里长大的三文鱼，其品质和颜色都达到极佳状态。苏格兰每年向 60 多个国家出口三文鱼，2015 年中国从苏格兰进口了 8503 吨三文鱼，其中冰鲜三文鱼 6045 吨，冷冻三文鱼 2458 吨。1992 年苏格兰的三文鱼获得了法国政府颁发的"红色标签"，红色标签是法国市场高端优质食品的标识。

加拿大是世界上重要的三文鱼生产和出口国，近些年来，加拿大三文鱼养殖企业通过与挪威养殖公司的合作，加快了养殖技术装备的研发和应用，推动了深海养殖业的发展。2016 年加拿大的三文鱼产量为 12 万吨，占全球总产量的 6％。加拿大养殖的三文鱼最初以出口美国为主，近年来随着挪威、法罗群岛、智利对美国市场的产品推广和市场占有，加拿大养殖企业开始转向对中国市场的出口。2015 年加拿大向中国市场出口冰鲜三文鱼 3757 吨，比上年增长了 10.7 倍，成为中国五大冰鲜三文鱼供应国之一。

二、我国深蓝渔业发展现状

我国深水远海养殖起步较晚，但近些年来，深远海养殖技术装备和养殖产业发展迅速。我国深水远海养殖起始于 1998 年，这一年海南省临高县从挪威引进了第一组 HDPE 圆形浮式深水网箱，开始进行深水养殖并取得了成功，由此拉开了我国深水远海养殖的序幕。之后，广东深圳、浙江普陀和瑞安、山东青岛和威海等地相继从国外引进深水远海养殖装备，推动深蓝渔业发展。2000 年"深水网箱养殖技术与设施开发"项目先后被列入国家"十五"科技攻关和"863"计划，我国开始自主研发深水网箱养殖技术。与此同时，广东、福建、浙江、山东等沿海省份也相继实施科技攻关计划，推动深水远海养殖的研发工作。经过"十五"期间的科技攻关和研发，我国广东、福建、浙江和山东等省已经初步具备了 HDPE 框架式网箱、浮绳式网箱和钢质碟形网箱的国产化能力。到 2005 年全国有深水网箱 3400 只，养殖水体 500 多万立方米，产量 2 万多吨，养殖品种有金鲳鱼、大黄鱼、鲈鱼、黄姑鱼、军曹鱼、石斑鱼、黑鲷、六线鱼、马面鱼、河鲀鱼、美国红鱼等 20 多种。全国沿海浙江、山东、广东、福建、海南、广西、大连 7 个省区市建立了深水网箱养殖基地。广东省在深圳、珠海、湛江、惠州等地，福建省在霞浦、蕉城、连江、平潭、福清等地，浙江省在舟山、台州、温州等地，山东省在荣成寻山、烟台长岛、青岛胶南等地，海南省在陵水、临高等地，广西在钦州等地，大连在长海县等地建立了规模不同的深水网箱养殖基地，初步形成了从苗种培育、饲料供应、养成加工到产品销售的产业化体系（黄太寿，2006）。

近些年来，随着近海养殖空间约束的不断增强和养殖环境的持续恶化，我国深水远海养殖业获得了快速发展。截止到 2013 年仅海南省就有深水网箱 3848 只，主要分布在临高、澄迈、陵水、昌江、海口等地，临高县的深水网箱超过 3000 只，深水网箱周长有 80 米、60 米和 40 米等几种，每只网箱产量分别为 36 吨、20 吨和 10 吨，总产值超过 10 亿元，成为亚洲最大的深水网箱养殖基地。2014 年我国启动了首个深远海大型养殖平台建设，该平台由 10 万吨级阿芙拉型油船改装而成，船长 243 米、宽 42 米，能够提供养殖水体 8 万立方米。该养殖平台由整船平台、养殖系统、加工系统和管理控制系统构成，通过系统集成形成集名优苗种规模化繁育、深水规模化养殖、渔获物扒载、水产品分类贮藏为一体的大型综合平台。2014 年我国深水网箱养殖面积为 605 万立方米，2015 年达到 936 万立方米；2014 年我国深水网箱养殖产量为

8.87 万吨,2015 年达到 10.57 万吨(朱玉东等,2017)。

2017 年海南省海洋发展有限公司、大连船舶重工集团、大连阿波罗海事服务有限公司共同组建了海南省民德海洋发展有限公司,合作推出"深远海智能养殖平台"项目,该项目以 8 万吨级散货船为载体,通过搭载全球先进的养殖设备,将其改造成为半潜式离岸养殖海上平台。该平台采用锚泊应用创新性 FPSO 单点系泊技术,可抗 17 级超强台风和 18 米巨大海浪,实现在作业海区的长期驻泊,开展大规模的深海鱼类养殖。同年 10 月,山东长岛弘祥海珍品有限公司委托龙口中集来福士海洋工程公司建造深远海智能化养殖网箱,该网箱采用坐底式六边形结构,内部通过网衣分隔为 3 个体积相同的独立空间,同时采用太阳能清洁能源和自动投饵、水下监测、死鱼回收、网衣清洗、网衣提升等设备,实现网箱养殖的自动化和智能化。同年 11 月,由山东大学牵头启动了"可长效自主运维的智能深远海养殖平台与渔业资源开发技术合作"国家重点研发项目,该项目致力于研发智能化深远海养殖系统和管理运营系统,打造先进的深远海养殖与管理模式。2018 年 2 月,"深远海智能化可移动养殖平台"项目落户江苏省连云港,该项目是由养殖工船、陆基配套基地和运输补给船组成的综合体系和系统工程,其核心是利用深远海发展水产健康养殖和综合渔业生产,形成集陆基育苗、船上养殖、精深加工、冷链物流为一体的深蓝渔业综合平台。2018 年 6 月,武船集团打造的我国首批 3 座超大型渔业养殖装备"海南陵水深远海渔业养殖平台"在青岛开建,该项目投入运营将成为世界上规模最大的"海洋牧场",养殖平台由 3 座平台和 1 座保障设施构成,每个平台都是六角形钢质框架结构,直径 110 米,高 75 米;每个平台养殖水体 25 万立方米,具备一次性养殖金鲳鱼 1000 万条、产量 6000 多吨的能力。该项目为无人值守智能化养殖,用锚泊设备固定于开放海域,适用于水深 55 米深海,养殖设备具备鱼饲料存储与投放、活鱼捕捞、网衣清洗、平台监控等功能,每个平台通过保障设施进行智能遥控实现养殖作业。

近几年我国深蓝渔业发展的典型案例是黄海冷水团三文鱼养殖项目的实施。2015 年 5 月,位于山东省日照市的万泽丰渔业有限公司与中国海洋大学科研团队合作,开始在黄海冷水团进行冷水性三文鱼养殖试验。黄海冷水团海域广阔,水质优良,每逢夏秋季节深层海水温度低于其他海域,是世界上罕见的浅水层冷水团,非常适合冷水鱼的养殖。三文鱼是名贵鱼类之一,味道鲜美,营养丰富,由于它对生长环境要求苛刻,我国过去养殖三文鱼规模较小,多在近海养殖,无法利用冷水资源大量养殖三文鱼,每年都需要从国外大量进口。在黄海冷水团进行三文鱼规模化养殖是我国海洋渔业发展史上的壮举。中国海洋大学科研团队瞄准距离日照市东岸130海里、位于海平面20米以下的黄海冷水团开展三文鱼养殖试验并取得了成功。2017年，万泽丰渔业公司打造的我国第一艘养殖工船，在日照下水驶进黄海深海区，通过循环抽取黄海冷水团中的低温海水进行三文鱼养殖。2018年5月，中船重工武船集团为万泽丰渔业公司建造的大型全潜式深海网箱养殖装备——"深蓝1号"正式下水，并进行了首批三文鱼育苗的大规模投放，开创了全球温暖海域大规模养殖三文鱼的先河。圆柱状"深蓝1号"养殖网箱高35米、周长180米，潜水深度可在50米以内进行调整，根据水温控制渔场升降，使鱼群生长在适宜的温度层，可一次性养殖三文鱼30万条，实现产量1500吨。"深蓝1号"网箱设计采用了中国海洋大学发明的浮箱捕捞、网箱附着生物清除、鱼鳔补气等最新专利技术，并利用波浪发电半潜平台提供绿色能源，彻底解决了三文鱼规模化、安全性养殖问题。预计到2020年，日照黄海冷水团三文鱼养殖牧场将成为示范性养殖基地，三文鱼产值达到3亿元以上。

三、深蓝渔业发展现状分析

从总体上分析，国外深远海养殖技术和养殖产业发展很快，深远海养殖业正在成为海洋渔业发展的主要方式，深蓝渔业的发展具有如下特点：第一，深远海养殖技术装备先进。以挪威、日本、加拿大、苏格兰、智利为代表的国家形成了深远海养殖技术装备的完整体系，深水网箱养殖的自动化和信息化程度高，养殖技术装备水平领先于全球。欧洲国家实施的深远海大型网箱养殖平台建设项目，采用并整合了海上风力发电技术、优质苗种培育技术、高效环保饲料投喂技术、远程控制与监测技术、大型网箱与养殖工船技术等，形成了综合性的工程技术体系。挪威的大型深海网箱均采用了自动投饵、鱼苗自动计数、水下监控、自动分级收鱼等先进的技术与管理系统。2015年挪威NSK船舶设计公司设计的大型深海养殖工船，其代表的深水养殖和高端海工装备技术在全球独树一帜。第二，产业发展的组织化程度高。深蓝渔业发达国家围绕着产业整体发展，构建了从技术研发、装备设计、鱼苗培育、深海养殖到产品加工、物流销售的完整产业组织体系，实现了全产业链的一体化发展，同时围绕着深蓝渔业的业务生态系统建设，形成了产前、产中、产后各个环节有机配合的服务组织体系。挪威将深蓝渔业产业化发展推广至全球，在全球范围内组织深远海养殖技术及产业运营,形成了"挪威设计——国外装备制造——全球化运营"的产业发展组织模式。第三,注重品种培育和品牌建设。国外深远海养殖产业在发展过程中都十分重视优良品种的培育,并实行苗种健康证书制度,以保证鱼苗质量,同时加强对养殖面积、养殖环境的管理,从品种培育、苗种质量、环保饵料、生态养殖、绿色加工、绿色包装、绿色营销等各个方面提升顾客对深蓝渔业产品的认知度和满意度,从而确立产品品牌,通过实施品牌策略,进一步推动深蓝渔业的产业化发展水平。

我国深蓝渔业的发展,从养殖技术装备来看,目前已经具备了深远海养殖平台的建造能力,技术装备的设计能力也取得了长足进步,包括挪威在内的不少国家接连不断地委托中国船舶公司建造大型深海养殖平台,其中包括全球第一座半潜式养殖平台;从养殖产业发展来看,经过陆基工厂化养殖、近海深水养殖、海水生态养殖等长期的产业积累,深远海养殖业的规模化、产业化发展步伐在不断加快,目前已经在山东、浙江、福建、广东和海南建立了10多个深远海网箱养殖示范基地,深蓝渔业的产量在逐年提升。但从总体上来分析,我国深远海养殖的技术水平和产业发展水平与国外先进国家相比还有较大差距。首先,深远海养殖技术装备的总体水平较低。深远海养殖工程是由养殖工船、深水网箱和相关配套设施构成的综合系统,目前在大型养殖工船、自动投饵技术、网箱监控技术、水质检测技术、疫苗注射技术和真空捕鱼技术等方面尚未形成配套的技术体系,与国外的差距集中体现在工程设施、配套设施、网箱养殖和海洋牧场的技术构建方面,综合性深远海养殖平台的建设相对落后。其次,深远海养殖的产业化发展水平不高,尚未形成高效运营的产业链。与近海养殖业相比,深远海养殖尚处于初级发展阶段,养殖规模有限,养殖产量仅占海水养殖总产量的较少比重,养殖的规模经济效益不显著,产业化发展水平较低。同时,从配套设施建设、鱼苗与饲料供应、养殖生产、产品加工到冷链物流、产品销售等尚未形成无缝连接、一体化运营的产业链,尤其在冷链物流装备、保鲜技术、配送信息技术、食品安全检测、食品信息标识等方面尚缺乏统一的产业技术标准。再次,深远海养殖产业的发展尚缺乏足够的经验积累。与近海养殖相比,深远海养殖的水文水质条件、海洋生物与海上气候等方面具有极大的特殊性,尤其是我国的深远海具有台风多、海浪高、海水温度不稳定、海洋环境恶劣等更为特殊的不利因素,由此给深远海养殖造成了很大困难。我国的深远海养殖业在技术应用、设备放置、养殖生产控制、生态环境维护等方面还缺乏实际经验积累。

第四节　深蓝渔业发展趋势

一、深蓝渔业技术装备发展趋势

目前,深水养殖向远海更深水域拓展、深海网箱装备向大型化方向发展是国内外深蓝渔业发展的共同趋势。例如挪威的 HDPE 网箱最大容积超过了 2 万立方米,单个网箱产量可达 250 吨,大大降低了单位体积水域的养殖成本;苏格兰的鲑鱼养殖网箱直径达 100 米,并连接成鱼排。随着计算机集成和自动控制技术的应用,深海网箱的自动化养殖与管理技术得以迅速发展,远海养殖的整个生产运营过程实现了智能化管理,出现了完全不需要人工操作的"智慧渔场"。构建智能化、工业化的养殖流程体系,是深蓝渔业发展的一个趋势。面向未来,深蓝渔业技术装备的发展方向是:在养殖技术方面,发展深远海养殖适宜品种繁养关键技术,从虹鳟、硬头鳟、大西洋鲑、裸盖鱼、金枪鱼、大黄鱼、石斑鱼、军曹鱼等海水养殖鱼类中筛选出适宜于深远海养殖的品种,重点突破优质品种工业化人工繁养技术、营养与配合饲料加工技术,进一步提升养殖品种船载舱养环境控制技术、深海大型网箱综合养殖技术、远距离自动投饵技术、水下视频监控技术、数字控制技术、水下清除技术等,构建基于生长模型的工业化养殖工艺与生产流程,建立名优品种深远海养殖技术体系。以此为基础,建立以深远海养殖平台为核心的新型海洋渔业生产模式。在养殖工程装备方面,创新发展多功能专业化养殖工船,重点突破获取深层海水的舱养式工船船型、半潜式开舱养殖工船船型,并融合船载繁养、加工、物流等功能,构建专业化、母船式深远海生产装备平台;创新发展自动化深海网箱养殖装备,提升智能化运营水平,推动深海网箱养殖的高效运行,实现深远海养殖的可控性与产能最大化;创新发展深远海养殖能源保障系统,建立以可再生能源为主、不可再生能源为补充的综合能源供给系统,重点突破光伏系统材料、光伏系统防腐蚀技术、抗风系统设计、储能电池可靠性、海洋环境与能源数据监测等。

二、深蓝渔业增长趋势

随着整个社会居民收入水平和生活水平的不断提高,以及居民消费结构的变化,人们对水产品的消费需求正在不断增大,而在淡水养殖和近海养殖水产品存在较大的食品安全问题的情况下，绿色安全的深蓝渔业产品必然成为人们的消费选择。与此同时，近海渔业正在面临着资源日趋枯竭、环境污染严重、养殖空间萎缩等问题的困扰，在此背景下，由近海走向深远海，进一步拓展海水养殖业的发展空间，也必然成为现代海洋渔业发展的未来趋势。就世界范围而言，深海网箱养殖已经成为海洋渔业发展的主要方式，越来越多的沿海国家正在大力推进深远海养殖业的发展，以挪威、加拿大、日本为代表的渔业大国，其深远海养殖业日趋成熟、发展势头迅猛，其他新兴海水养殖国家也正在大力开拓深海养殖空间，深蓝渔业正在逐步取代传统海洋渔业产业。可以预测，深蓝渔业将成为 21 世纪海洋渔业经济发展的新增长极。深蓝渔业市场需求潜力巨大，产业发展前景广阔。挪威三文鱼养殖巨头萨尔玛集团的市场调查显示，仅挪威渔业市场近几年就需要至少 100 台套大型深远海养殖平台，该公司也计划在 2020 年前建造不少于 10 座深远海养殖平台。据保守估计，今后十年全球市场对三文鱼的需求量将以不低于 5% 的速度持续增长，到 2028 年全球三文鱼的消费量将达到 350 万吨。在我国，近海 15 米等深线以内适合于渔业养殖的水域已经基本饱和，而水深 15～40 米的水域利用率不到 1%，40 米等深线以下的水域尚未开发，远海水域空间的开发前景更为广阔，这就为深蓝渔业的发展提供了充分的有利条件，产业发展的增长潜力巨大。据初步测算，我国适合于深蓝渔业发展的养殖海域在 20 万平方千米以上，仅以南海为例，海域水深为 45～100 米且适宜进行深远海养殖的海域面积约为 6 万平方千米。目前，我国沿海一批大型海洋渔业企业以打造深远海养殖装备为核心，以市场需求为导向，根据不同海域的特点，大力开拓深远海养殖空间，创新养殖生产模式，推动了深蓝渔业产业的发展。据测算，到 2020 年仅南海深蓝渔业装备市场可达到 1800 亿以上的产值，深蓝渔业产值将达到 1500 亿以上。

| 第四章 |

深蓝渔业产品市场需求及其特性分析

第一节　深蓝渔业产品及其特质

一、深蓝渔业产品种类

深蓝渔业产品即深远海养殖品及其加工产品。深远海养殖产品是指鱼苗经过一个养殖生长过程形成的成鱼鲜活产品。如前所述，以三文鱼为代表的深蓝鲜活水产品一般需要经过一个加工过程才能变成为直接满足消费需求的最终产品。

深蓝渔业养殖产品属于冷水性鱼类产品，冷水性鱼类一般是指生存于水温 20 ℃以下、水质无污染的水域环境中的特种鱼类。常见的冷水鱼品种主要有大西洋鲑(三文鱼)、太平洋鲑、银鲑、北鲑、虹鳟、金鳟、彩虹鳟、硬头鳟、金枪鱼、金鲳鱼、黄姑鱼、石斑鱼、军曹鱼、裸盖鱼、鲟鱼、雅鱼、山女鳟、细鳞鱼、裸鲤、裂腹鱼、黑白斑狗鱼、白斑狗鱼、斑黄瓜鱼、裸黄瓜鱼、银色臀鳞鱼、贝加尔雅罗鱼、大黄鱼、黑斑条鳅、黑背条鳅、哲罗鲑、雅罗鲑、五道黑、梭鲈、东方欧鳊、柳根鱼、华子鱼、三文鳟、北极红点鲑、亚东鲑、细甲鱼等。我国目前深远海养殖的主要品种包括三文鱼、虹鳟、金枪鱼、金鲳鱼、石斑鱼、黄姑鱼、大黄鱼、鲈鱼、军曹鱼等。根据学术界的一般观点，深远海养殖产品的典型代表是鲑鳟鱼。鲑鳟鱼是鲑鱼和鳟鱼的统称，因其只能繁衍生长于低温水域而被称为典型的冷水鱼。鲑鳟鱼鱼体呈流线型，口大而斜，牙锥状，体背小圆鳞。鲑鱼包括大西洋鲑(三文鱼)、太平洋鲑、银鲑、北鲑等；鳟鱼包括虹鳟、金鳟、彩虹鳟、硬头鳟等。目前全球鲑鳟鱼产量排在前三位的是大西洋鲑(三文鱼)、虹鳟、银鲑。

以鲑鳟鱼为代表的深蓝渔业产品的养殖条件是:水温在 20 ℃以下,水质为贫营养性、无有机污染和化学污染,水域具有高溶解氧。水质的影响因素主要是酸碱性和氨氮浓度,鲑鳟鱼对酸碱性的耐受范围是 5.5～9.2,适宜范围是 6.5～7.5,强酸性环境会对鲑鳟鱼的生长起到抑制作用;来自残饵、粪便等有机物的氨氮和亚硝酸盐是鲑鳟鱼生长的致毒物质。鲑鳟鱼喜栖于高溶解氧水域,一般情况下的溶解氧安全临界值为 3.15 毫克/升,水温越高,溶解氧越低,当水温达到 22 ℃时,水中的溶解氧会降到 5 毫克/升,这时鱼体的代谢能力和对饵料的吸收能力都会大大降低,从而严重影响到鲑鳟鱼的生长。鉴于鲑鳟鱼对养殖环境与条件的要求苛刻,深远海就成为发展鲑鳟鱼养殖产业的首选。

在消费市场上,深海冷水鱼产品一般都是加工制成品。以三文鱼为例,其一般加工工艺流程如下:首先将鱼头切下,切下的鱼头被送到称料斗进行称重和产量记录;随后将鱼身通过机器进行初步处理,去除黏液、血液和表面细菌;之后,通过切片机对鱼身进行自动切片处理,切片机会根据鱼的大小自动调整切片比例,切片后的鱼骨被送入称料斗进行称重和产量记录;从切片机出来的鱼片再进入修剪机中进行加工,修剪机中的视觉系统会检测鱼片的大小、形状、脂肪位置、黑斑等细节,从而对鱼片进行精细化加工处理;随后,通过真空管去除鱼刺,鱼片被送到清理机进行最后清洗,清洗后的鱼片经过绿色包装成为三文鱼加工产品。

二、深蓝渔业产品的特质

深蓝渔业产品由于其只能生长于无污染的冷水水域环境而成为高品质的无公害绿色产品。多数冷水鱼蛋白质含量高,肉质细嫩,鱼肉鲜美,无肌间刺,容易加工,富含 EPA 和 DHA 等不饱和脂肪酸,营养极为丰富,是国际水产品市场上公认的高端水产品和健康食品(纪锋等,2012)。

与一般鱼类相比,以鲑鳟鱼为代表的深蓝渔业产品是一种高蛋白、低胆固醇的产品,鲑鳟鱼含有一般鱼类所缺乏的甘氨酸,维生素 A、B 和微量元素铁的含量也大大高于其他鱼类。鲑鳟鱼的欧米伽 3(Ω-3)很高,不饱和脂肪酸(EPA20 碳五烯酸、EHA20 碳六烯酸、DHA22 碳六烯酸)的含量是其他一般鱼类的数倍以上。三文鱼含有一种特殊的脂肪酸,这种特殊脂肪酸被称为Ω-3脂肪酸,能有效降低血脂和血胆固醇,防止心血管疾病的发生,Ω-3脂肪酸是脑部、视网膜及神经系统所必不可少的物质,有增强脑功能、预防视力衰退、防治老年痴呆的功效。三文鱼的营养成分还能在一定程度上有效预防诸如糖尿病等慢性疾病的发生,其富含的维生素D等能促进人体对钙的吸收,有助于人体的生长发育。(虹鳟鱼的蛋白质和不饱和脂肪酸比鲤鱼分别高出13.3%和41.7%,热量高出42千卡,维生素A、维生素D、维生素B₆及维生素B₁₂的含量,11种氨基酸的含量以及DHA22碳六烯酸、EPA20碳五烯酸的含量是一般鱼类的数倍,而胆固醇的含量几乎为零。虹鳟鱼的营养成分具有降低血脂、防止动脉硬化、防止心肌梗塞、活化脑细胞、促进脑部发育成长的功效。研究表明,鲑鳟鱼的食疗保健功能主要表现为:降低血液中的胆固醇浓度、防止由动脉硬化引起的心血管疾病、促进大脑和人体发育成长。)鲑鳟鱼的各种加工方式都不会破坏鱼的不饱和脂肪酸及其他营养成分的含量。由于鲑鳟鱼所含的特有营养保健成分,其备受幼童、青年、妇女和老年人的青睐,成为目前水产品消费市场的热点。

表4-1　常见经济鱼种的一般营养成分(%)

种类	水分	粗蛋白质	粗脂肪	灰分
虹鳟鱼	74.73	21.11	3.53	1.19
山女鳟	73.2	18.29	6.8	1.39
大西洋鲑	76.3	19.85	2.74	2.59
金鳟鱼	75.97	20.58	2.57	1.05
哲罗鲑	79.78	17.26	3.78	1.01
花羔红点鲑	74.94	15.84	2.49	1.46
鲑鳟鱼(平均值)	75.82	18.82	3.65	1.45
渤海银鲳鱼	76.22	16.76	5.03	1.31
黑石斑鱼	67.9	17.3	4.52	5.6
野生大黄鱼	76	19.2	4.95	1.28
大菱鲆	79.76	17.71	0.78	0.95
加州鲈	76.98	17.97	3.81	1.24

第二节　深蓝渔业产品市场需求问卷与结果分析

一、问卷设计

三文鱼等深蓝渔业产品所具有的自然养殖、绿色安全、高营养价值等产品特质，区别于一般性的海洋渔业产品，由此也决定了深蓝渔业产品的市场需求具有自身的不同特点。通过市场需求问卷调研，能够切实地、准确地发现和把握深蓝渔业产品的消费意愿、消费行为特点、消费需求特性、消费需求影响因素、消费需求动态变化趋势等，从而为构建创新性的深蓝渔业产品营销模式提供市场需求分析层面的现实支持。

深蓝渔业产品市场需求调研问卷，是根据市场需求理论分析并在进行专家访谈和消费者访谈的基础上，从理论分析与访谈中发现问题的结合上进行设计的。问卷设计之前访谈的专家包括海洋渔业经济专家、深蓝渔业养殖专家、深蓝渔业技术专家、海产品营销专家、海产品营养专家等，通过专家访谈，进一步明确了深蓝渔业产品与传统海洋渔业产品在自然环境条件、养殖技术条件、产品的技术和质量特性、产品供给的周期性与波动性等方面的显著差异，以及这些差异对深蓝渔业产品市场需求与消费需求的影响；问卷设计之前的消费者访谈，重点访谈了城市居民中的新生代消费者群体，通过访谈进一步发现了 80 后与 90 后等新生代消费者群体对深蓝渔业产品的消费潜力、消费意愿、消费偏好、消费行为特征等。专家访谈和新生代消费者访谈，为问卷设计的科学性与针对性提供了基础。

问卷设计分为两个部分：① 消费者基本信息调研。问卷内容包括消费者的年龄、性别、生活区域、受教育水平、从事职业、家庭人口、个人与家庭可支配收入等。② 顾客价值调研。问卷内容包括消费者对海洋渔业产品的了解程度、对深蓝渔业产品的了解程度、对深蓝渔业产品品种的了解程度、消费者选择购买深蓝渔业产品的原因、消费者经常购买或消费的深蓝渔业产品品种、消费者购买或消费深蓝渔业产品的频率、消费者对深蓝渔业产品的购买与消费习惯、消费者对深蓝渔业产品的消费特征、消费者购买深蓝渔业产品的产地与货源、深蓝渔业产品市场供给满意度、消费者对深远海养殖产品的购买意愿、消费者对深蓝渔业产品的质量标准与消费方式的认知程度、消费者购买和消费深蓝渔业产品的影响因素、消费者对三文鱼的消费方式偏好、消费者对深蓝渔业产品价格水平的接受程度、产品新鲜度对消费者购买行为的影响、产品价格因素对消费者购买行为的影响、营销服务因素对消费者购买行为的影响、产品规格与产品包装因素对消费者购买行为的影响、产品品牌形象对消费者购买行为的影响、消费者购买深蓝渔业产品的地点、消费者购买与消费深蓝渔业产品的快捷程度、消费者购买与消费深蓝渔业产品的满意度、消费者对深蓝渔业产品及其服务的改进建议等。上述问卷调研内容，能够全面了解消费者群体对于三文鱼等深蓝渔业产品的消费需求特性、影响因素以及顾客满意价值结构。

二、样本选择

正式问卷调研样本数量与分布结构的选择，兼顾了区域性、年龄、收入水平、职业以及家庭等多重属性。样本数量确定 600 个，覆盖沿海与内陆区域内各个不同年龄段、收入层次、职业及家庭等。其中，样本选择的重点是以 60 后、70 后和 80 后、90 后等为代表的中生代以及新生代消费者群体，并保证了问卷调研的有效性。在问卷样本选择中，为了保证样本选择具有较好的代表性，选取的调研样本分布于全国沿海、内陆的 30 个大中型城市，其中重点是上海、青岛、烟台以及北京、南京、成都、武汉等沿海与内陆的一线、二线城市；年龄结构分布包括 50 后、60 后、70 后和 80 后、90 后等不同年龄段，尤其以 80 后、90 后等新生代消费者群体为关注对象。

表 4-2　样本选择分布结构

样本年龄、性别、学历、职业、收入水平等分布						
	类　型	样本容量（个）	百分比（％）		类　型	样本容量（个）	百分比（％）
年龄	20 岁以下	25	4.88	个人月收入水平	3000 元以下	168	32.81
	20～30 岁	195	38.09		3000～4000 元	60	11.72
	30～40 岁	99	19.34		4000～5000 元	72	14.06
	40～50 岁	149	29.10		5000～6000 元	56	10.94
	50～60 岁	42	8.20		6000～10000 元	85	16.60
	60 岁以上	2	0.39		10000 元以上	71	13.87

	类 型	样本容量（个）	百分比（％）		类 型	样本容量（个）	百分比（％）
性别	男	228	44.53	家庭每月可支配收入	4000元以下	146	28.52
	女	284	55.47		4000～5000元	118	23.05
学历	高中及以下	91	17.77		5000～10000元	142	27.73
	中专	43	8.40		10000～20000元	69	13.48
	大专／本科	319	62.30		20000～40000元	25	4.88
	硕士及以上	59	11.52		40000元以上	12	2.34
职业	党政机关干部	24	4.69	家庭人口数量	1人	17	3.32
	事业单位工作人员	72	14.06		2人	55	10.74
	国有企业／公司高管	41	8.01		3人	208	40.63
	创业者	33	6.45		4人	142	27.73
	企业基层管理人员	53	10.35		5人	53	10.35
	外企职员	11	2.15		6人及以上	37	7.23
	私营及个体劳动者	65	12.70				
	在校大学生	130	25.39				
	离退休人员	5	0.98				
	其他	78	15.23				

样本年龄、性别、学历、职业、收入水平等分布

三、结果分析

问卷期间为 2017 年 10 月至 12 月。针对不同城市、不同年龄段的消费者群体，分别采取重点问卷访谈、随机问卷采访与网上问卷调研等方式，共计完成问卷调研 567 份，有效回收问卷 512 份，问卷有效率为 90.3％。其中，70后、80 后、90 后等消费者群体比例超过 80％；月收入 5000 元以上的中高收入阶层占比超过 40％；女性消费者占比为 55.47％；回收样本对象的教育水平与知识结构覆盖各个层次的学历结构，其中以受过中高等教育的群体为主；家庭人口规模以最普遍的三口之家为主。通过问卷调研获取了第一手市场需求和消费者需求信息，经过数据统计整理，问卷结果分析如下：

（1）消费者对海洋渔业及其具体产品的认知度。

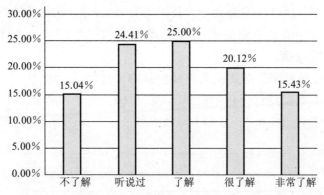

图 4-1　消费者对海洋渔业具体产品的认知度示意图

表 4-3　消费者对海洋渔业具体产品的认知度统计结果

消费者对海洋渔业具体产品的认知度		统计量	标准误
均值		2.9648	.05704
均值的 95% 置信区间	下限	2.8528	
	上限	3.0769	
5% 修整均值		2.9609	
中值		3.0000	
方差		1.666	
标准差		1.29077	
极小值		1.00	
极大值		5.00	
值域		4.00	
四分位距		2.00	
偏度		.077	.108
峰度		−1.071	.215

　　问卷数据统计结果显示,受访者中表示对海洋渔业及其具体产品"了解""很了解"和"非常了解"的比例之和超过 60%,"不了解"和"听说过"的比例为 39.45%。据 SPSS 描述性分析方差为 1.666,均值为 2.9648,即大部分受访者对海洋渔业及其具体产品的了解程度较高。20～40 岁的受访者群体对海洋渔业及其具体产品具有很高的认知度,男性比例高于女性;居住在沿海区域、受教育水平与收入较高以及家庭常住人口为 1 人的受访者群体对海洋渔业及其具体产品的认知度较高。另外,职业对海洋渔业及其具体产品

的认知度有较大影响,国有企业/公司高管、创业者、企业基层管理人员、外企的认知度高于其他职业群体;家庭可支配收入位于 5000～40000 元区间的受访者认知度较高。

(2)消费者对深蓝渔业及其具体产品的认知度。

调研问卷数据统计分析结果显示,超过 60% 的受访者表示了解深蓝渔业及其产品,"听说过"和"不了解"深蓝渔业及其产品的比例为 36.13%。

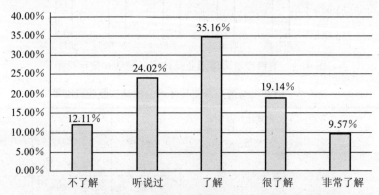

图 4-2　消费者对深蓝渔业及其具体产品的认知度示意图

表 4-4　消费者对深蓝渔业及其具体产品的认知度统计结果

消费者对深蓝渔业及其具体产品的认知度		统计量	标准误
均值		2.9004	.05022
均值的 95% 置信区间	下限	2.8017	
	上限	2.9991	
5% 修整均值		2.8893	
中值		3.0000	
方差		1.291	
标准差		1.13641	
极小值		1.00	
极大值		5.00	
范围		4.00	
四分位距		2.00	
偏度		.092	.108
峰度		−.661	.215

（3）消费者对三文鱼种类的认知度。

调研问卷数据统计分析结果显示,受访者选择"太平洋鲑"的比例最高,达到 34.18％;其次是大西洋鲑鱼,比例超过 22％,这意味着消费者对三文鱼种类的整体认知度超过 56％。其中,不同年龄段的受访者对于三文鱼的熟悉程度相差很大,新生代消费者的熟悉程度很高;沿海地区与内陆城市居民较为熟悉,硕士及以上学历、家庭常住人口为 1 人的受访者对三文鱼种类的了解、熟悉或认知程度较高。

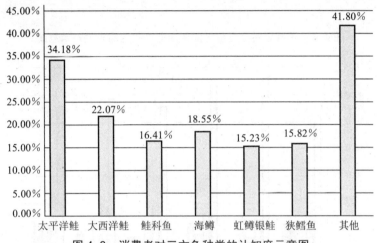

图 4-3　消费者对三文鱼种类的认知度示意图

（4）消费者对三文鱼等深蓝渔业产品的消费需求偏好。

通过调研问卷统计分析结果发现,受访者中对于三文鱼等深蓝渔业产品的消费需求偏好较高的是营养丰富（54.30％）、质量可靠（45.31％）、新鲜（43.75％）与味道好（38.87％）;15.43％的受访者选择购买与消费深蓝渔业产品是因为个人或家庭的消费习惯与偏好;20～40 岁的受访者因"新鲜"而选择购买与消费深蓝渔业产品的比例明显高于其他年龄群体;40～60 岁的受访者因质量可靠和营养丰富而选择购买与消费深蓝渔业产品的比例明显高于其他年龄群体。总体而言,受访者在选择购买与消费深蓝渔业产品时更注重产品本身的价值（营养、质量、新鲜度以及味道好）,也就是说,营养丰富、质量可靠、新鲜度与味道好或口感好等因素是受访者选择购买与消费深蓝渔业产品的重要理由。其中,收入在 5000～6000 元、硕士及以上学历、家庭常住人口为 4 人的受访者对"营养丰富""质量可靠"尤为重视。

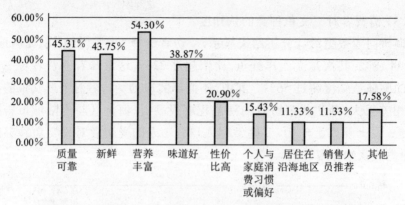

图4-4　消费者对三文鱼等深蓝渔业产品的需求偏好示意图

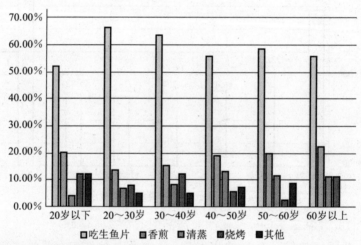

图4-5　不同年龄消费者对三文鱼等深蓝渔业产品的消费偏好示意图

（5）消费者购买与消费深蓝渔业产品的频率。

问卷调研统计数据显示，24.34%的受访者购买或消费三文鱼等深蓝渔业产品的频率为"每年几次"，"每季度几次"和"每月几次"分别有26.41%和27.63%的受访者选择；"每周几次"和"每天一次"的比例总和在6%左右。其中，企业职员与公司高管、硕士及以上学历、月收入水平在10000元以上的受访者购买频率相对较高。

值得注意的是，根据问卷调研统计数据，各不同年龄段的受访者购买或消费三文鱼等深蓝渔业产品的频率较为集中在"每年几次""每季度几次""每月几次""每周几次"购买或消费三文鱼产品的概率较低，而"每天一次"购买或消费三文鱼产品的频率选项更低。其中，20岁以下和20～30岁的受访者选择"每月几次"的比例明显高于 30～40 岁、40～50 岁两个年龄段的受访者。

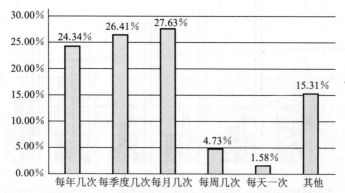

图 4-6　消费者对三文鱼等深蓝渔业产品德的购买与消费频率示意图

（6）消费者对三文鱼等深蓝渔业产品的购买与消费习惯。

调研问卷统计结果显示，所有受访者中选择"随机性购买与消费""即时性购买与消费"的比例最高，分别达到 23.16% 和 43.81%，表明各个不同年龄段消费者的购买与消费习惯普遍具有"即时性购买与消费""随机性购买与消费"的消费习惯；其次是选择"机会型购买与消费"，比例为 12.46%；再次是选择其他或不确定性购买或消费，而选择"计划性购买与消费"的比例最低，仅为 12.84%。其中，硕士及以上学历、个人月收入在 6000 元以上、生活在沿海城市以及家庭常住人口为 1 人的受访者选择"计划性购买与消费"的比例最低。总体而言，消费者对三文鱼等深蓝渔业产品的购买或消费习惯具有较为显著的"现吃现买"或"即时性购买与消费"的特性。

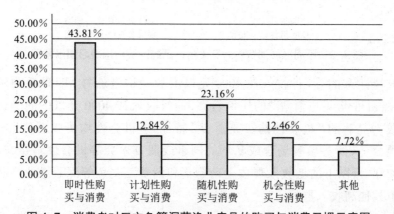

图 4-7　消费者对三文鱼等深蓝渔业产品的购买与消费习惯示意图

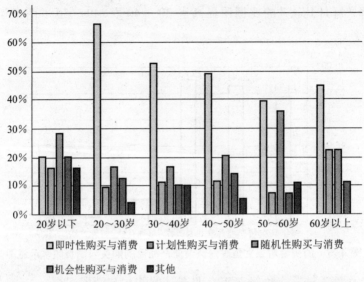

图 4-8　不同年龄消费者对三文鱼产品的购买与消费习惯示意图

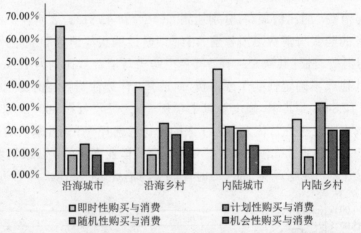

图 4-9　不同区域消费者对三文鱼产品的购买与消费习惯示意图

　　值得注意的是,月收入在 4000 元以上的受访者选择"即时性购买与消费""随机性购买与消费"的比例较高,而月收入在 4000 元以下的受访者则具有较为显著的"机会性购买或消费"特征。"机会性购买或消费"一般是指各类公务、商务聚餐场合或私下的同事或朋友聚会等机会性消费方式,月收入 4000 元以下的低收入群体主动购买和消费三文鱼等深蓝渔业产品的几率低于其他高收入群体。

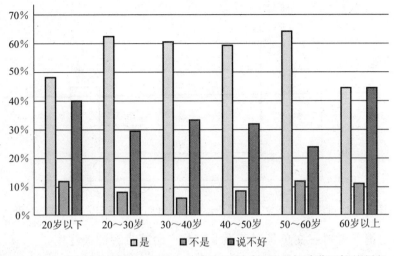

图 4-10 不同年龄消费者对三文鱼产品的即时性购买与消费习惯的判断

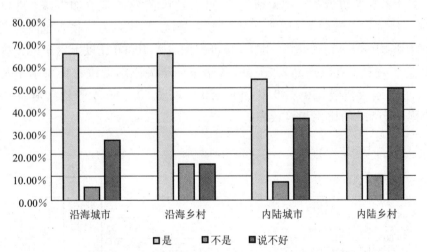

图 4-11 不同区域消费者对三文鱼产品的即时性购买与消费习惯的判断

（7）三文鱼等深蓝渔业产品的主要消费特征。

调研问卷统计数据显示，56.52%的受访者明确表示"即时性购买与消费"是三文鱼等深蓝渔业产品的最重要消费特征。其中，学历在大专／本科及以上、生活在沿海或城市区域、家庭可支配收入超过10000元以及家庭常住人口为3～4人的受访者更倾向于"即时性购买与消费"。另外，各年龄段受访者基本上普遍赞同"现吃现卖"或"即时性购买与消费"。

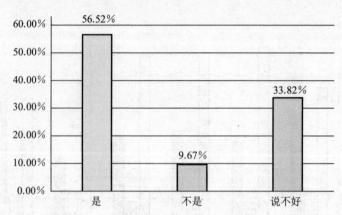

图 4-12 消费者对三文鱼等深蓝渔业产品即时性购买与消费特征的判断

（8）消费者对三文鱼等深蓝渔业产品产地或货源的关注度。

调研问卷统计结果显示，受访者选择"国产产品"的比例超过进口产品，但 45.12% 的受访者表示"无所谓"；沿海地区的受访者更加青睐"进口产品"，其他区域更倾向于"国产产品"；年龄越大、学历越高与收入越高的受访者越是倾向于"进口产品"。其中，月可支配收入 10000 元以上水平的家庭更加倾于选择"进口产品"。另外，各个不同年龄段的受访者皆表示不是非常关注产地或货源，30～40 岁、40～50 岁以及 50～60 岁等消费者群体选择"国产产品"的比例相对较高。

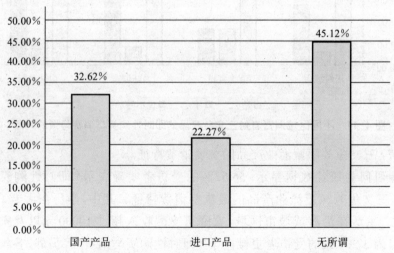

图 4-13 消费者对三文鱼等深蓝渔业产品产地或货源的关注度

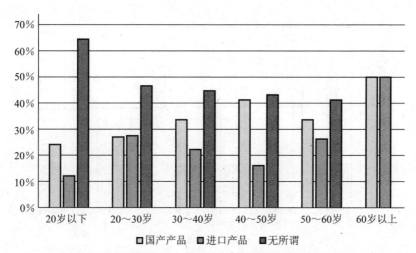

图 4-14　不同年龄消费者对三文鱼等深蓝渔业产品产地或货源的关注度

（9）消费者对三文鱼等深蓝渔业产品新鲜度的满意度。

调研问卷数据统计结果显示，仅有 36.91% 的受访者表示目前市场能够满足自己对三文鱼等深蓝渔业产品新鲜度的需求，各不同年龄段的受访者对三文鱼等深蓝渔业产品新鲜度的需求满足选项存在一定差异，但较为一致的是各不同年龄段皆有较高比例的受访者认为目前三文鱼等深蓝渔业产品难以满足新鲜度的需求。另外，内陆乡村及城市的受访者表示"不能满足"的比例更高。

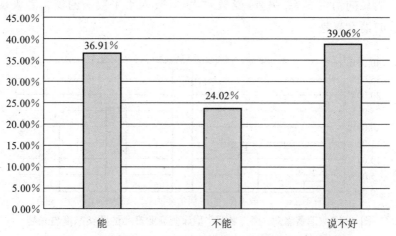

图 4-15　消费者对三文鱼等深蓝渔业产品新鲜度的满意度

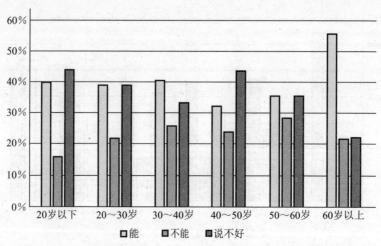

图 4-16 不同年龄消费者对三文鱼等深蓝渔业产品新鲜度的满意度

（10）消费者对"海洋牧场"型深蓝渔业产品的购买态度与兴趣。

调研问卷数据统计结果显示，38.09％的受访者表示"偶尔会"购买"海洋牧场"型深蓝渔业产品，明确表示会购买的受访者比例合计为46.48％，只有3.32％的受访者明确表示绝对不会购买。根据 SPSS 描述性分析结果显示，该题得分方差为1.099，均值为3.4805，即大部分受访者对"海洋牧场"型深蓝渔业产品具有购买兴趣，从而表明"海洋牧场"型深蓝渔业产品具有很大的市场需求潜力。而且，60后、70后中生代和80后、90后新生代消费者具有更为明显的消费意愿；另外，受教育水平、收入水平较高的受访者表现出更加显著的消费兴趣。

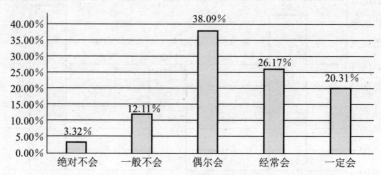

图 4-17 消费者对"海洋牧场"型深蓝渔业产品的购买态度与兴趣

除了沿海城市受访者具有明显的购买意愿之外，内陆城市以及沿海乡村的受访者同样表现出明显的购买意愿与兴趣。

表 4-5　消费者对"海洋牧场"型深蓝渔业产品的购买态度与兴趣统计结果

消费者对"海洋牧场"型深蓝渔业产品的购买态度与兴趣统计		统计量	标准误
均值		3.4805	.04634
均值的95%置信区间	下限	3.3894	
	上限	3.5715	
5%修整均值		3.5152	
中值		3.0000	
方差		1.099	
标准差		1.04853	
极小值		1.00	
极大值		5.00	
范围		4.00	
四分位距		1.00	
偏度		−.168	.108
峰度		−.534	.215

（11）消费者对三文鱼等深蓝渔业产品的认知和消费知识。

调研问卷数据统计结果显示,超过 60% 的不同区域、不同年龄段、不同学历的受访者,明确表示能够识别三文鱼等深蓝渔业产品的类型与质量等级等,同时能够合理地掌握三文鱼等深蓝渔业产品的消费方式。

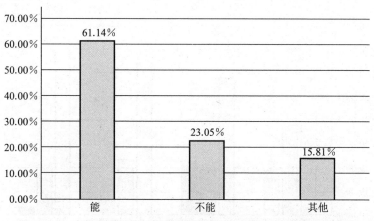

图 4-18　消费者对三文鱼等深蓝渔业产品的认知与消费知识判断

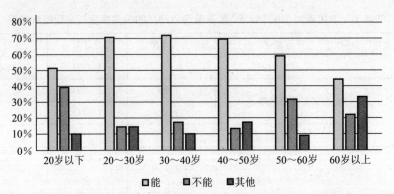

图 4-19　不同年龄消费者对三文鱼等深蓝渔业产品的认知与消费知识判断

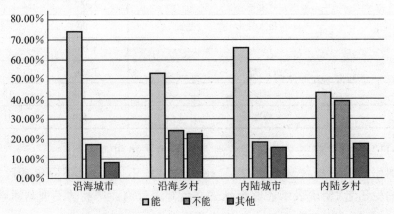

图 4-20　不同区域消费者对三文鱼等深蓝渔业产品的认知与消费知识判断

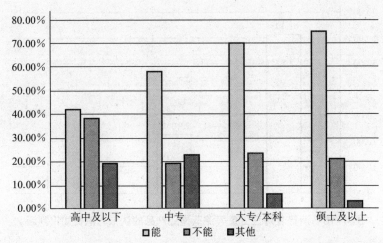

图 4-21　不同学历消费者对三文鱼等深蓝渔业产品的认知与消费知识判断

（12）消费者对三文鱼等深蓝渔业产品质量的认可度。

调研问卷统计结果显示，75％以上的受访者认为三文鱼等深蓝渔业养殖产品的质量"很好""非常好"。其中，30～40岁与40～50岁两个年龄段的受访者认可度最高，月收入5000～6000元消费者群体的认可度较高。根据SPSS描述性分析，方差为0.757，均值为3.8672，表明大部分受访者认为与天然生长的深蓝渔业产品相比，深蓝渔业企业通过深远海养殖的三文鱼产品质量很好。值得注意的是，沿海城市区域的受访者认可度高于其他区域的受访者认可度。另外，党政机关工作人员、企业管理人员、私营及个体劳动者的受访者的认可度比例最高。

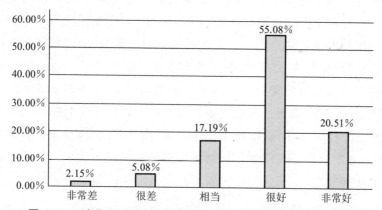

图4-22　消费者对三文鱼等深蓝渔业产品质量的认可度示意图

表4-6　消费者对三文鱼等深蓝渔业产品质量的认可度统计结果

消费者对"海洋牧场"型三文鱼等深蓝渔业产品质量的认可度		统计量	标准误
均值		3.8672	.03846
均值的95％置信区间	下限	3.7916	
	上限	3.9427	
5％修整均值		3.9319	
中值		4.0000	
方差		.757	
标准差		.87022	
极小值		1.00	
极大值		5.00	

续表

消费者对"海洋牧场"型三文鱼等深蓝渔业产品质量的认可度		统计量	标准误
	范围	4.00	
	四分位距	.00	
	偏度	−.992	.108
	峰度	1.409	.215

（13）消费者对自然生长三文鱼产品质量与消费安全的认知度。

调研问卷统计结果显示,66.53%的受访者表示了解自然生长的三文鱼产品质量与消费安全性;20～60岁的受访者表示了解自然生长的三文鱼产品质量与消费安全性的比例均在65%以上;70%以上的沿海城市和乡村受访者表示了解自然生长的三文鱼产品质量与消费安全性,内陆城市和乡村受访者的"了解"比例也在55%以上;大专以上学历的受访者表示了解自然生长的三文鱼产品质量与消费安全性的比例在75%以上,大专以下学历受访者的"了解"比例在55%以上。这说明多数消费者了解自然生长的三文鱼产品质量与消费安全性。其中,党政机关工作人员、离退休人员、外企和合资企业职员、私营企业职员等受访者群体相对了解自然生长的三文鱼产品质量与消费安全性的比例较高,不了解的比例随家庭收入水平的提高而降低。

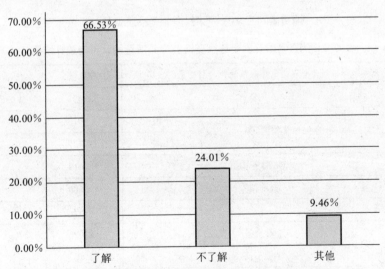

图4-23　消费者对自然生长三文鱼产品质量与消费安全的认知度

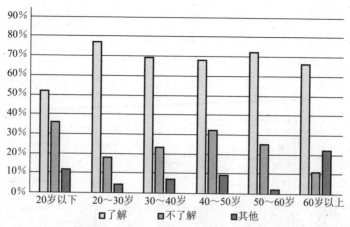

图4-24 不同年龄消费者对自然生长三文鱼产品质量与消费安全的认知度

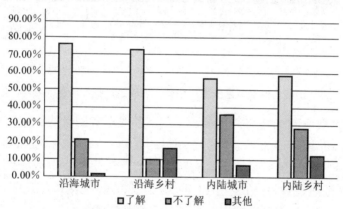

图4-25 不同区域消费者对自然生长三文鱼产品质量与消费安全的认知度

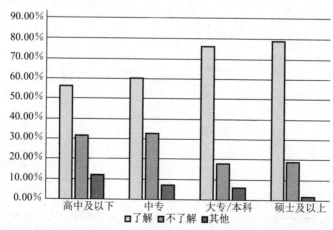

图4-26 不同学历消费者对自然生长三文鱼产品质量与消费安全的认知度

（14）消费者对深蓝渔业生产经营企业改进产品与服务的倾向。

调研问卷数据统计结果显示，消费者特别是 80 后、90 后的消费者较为关注的重点是改进产品新鲜度、消费安全性、市场响应速度、购买与消费的便捷性、产品质量与产地标识、价格水平、加工与配送服务水平等因素。

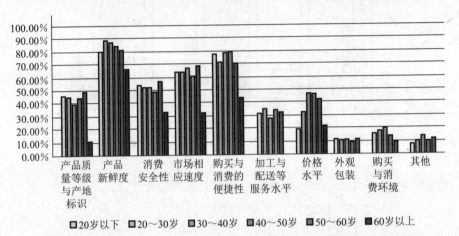

图 4-27　消费者对深蓝渔业生产经营企业改进产品和服务的倾向示意图

（15）消费者对选购与消费深蓝渔业产品时服务因素的影响作用评价。

调研问卷统计结果显示，超过 50% 的受访者认为产品规格、产品包装、产品配送速度与服务质量等因素对购买与消费深蓝渔业产品具有重要影响。根据 SPSS 描述性分析，方差为 1.050，均值为 3.79，这表明大部分消费者认同服务因素对购买与消费深蓝渔业产品具有重要影响。

表 4-7　消费者对选购与消费深蓝渔业产品时服务因素的影响作用评价统计

消费者对选购与消费深蓝渔业产品时服务因素的影响作用评价		统计量	标准误
均值		3.79	.045
均值的 95% 置信区间	下　限	3.70	
	上　限	3.88	
5% 修整均值		3.86	
中值		4.00	
方差		1.050	
标准差		1.025	

续表

消费者对选购与消费深蓝渔业产品时服务因素的影响作用评价		统计量	标准误
	极小值	1	
	极大值	5	
	范围	4	
	四分位距	2	
	偏度	−.558	.108
	峰度	−.099	.215

（16）消费者对选购与消费三文鱼等深蓝渔业产品的总体满意度评价。

调研问卷数据统计结果显示，半数以上的受访者对购买与消费三文鱼等深蓝渔业产品表示满意或基本满意。根据 SPSS 描述性分析，方差为 0.912，均值为 3.44，表明消费者对购买与消费三文鱼等深蓝渔业产品的总体满意度较高。

表4-8　消费者对选购与消费深蓝渔业产品的总体满意度评价统计结果

选购与消费深蓝渔业产品的总体满意度评价			统计量	标准误
均值			3.44	.042
均值的95%置信区间	下限		3.36	
	上限		3.52	
5%修整均值			3.47	
中值			3.00	
方差			.912	
标准差			.955	
极小值			1	
极大值			5	
范围			4	
四分位距			1	
偏度			.060	.108
峰度			−.015	.215

（17）消费者愿意选购与消费三文鱼等深蓝渔业产品的渠道或场所。

调研问卷数据统计结果显示，不同年龄的消费者愿意选购和消费三文鱼等深蓝渔业产品的场所或渠道，按照选购意愿集中度和选购意愿倾向性排序，依次为线上网店、线下超市或专卖店、供应商配送到家、集贸市场、饭店、海边码头等。其中，80后新生代消费者更加倾向于线上网店、线下超市和配送到家等。按照不同年龄的消费者较为普遍的选购与消费意愿，尤其是新生代消费者的选购与消费倾向，"网购＋线下体验＋快捷配送"是目前和今后三文鱼等深蓝渔业产品的基本流通渠道。

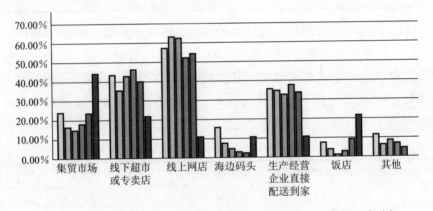

图4-28　消费者愿意选购和消费三文鱼等深蓝渔业产品的渠道或场所

第三节　深蓝渔业产品市场需求及其影响因素

一、深蓝渔业产品市场需求分析

市场需求是指在一定的地理区域与一定的时间范围内，在一定的营销环境以及营销方案下，顾客对于某种商品或服务愿意并且能够购买的数量。按照现代市场营销理论的解释，市场需求首先是指行业市场需求，再进一步分为空间与时间范围的市场需求、企业维度和产品维度的市场需求等多个层次。经过市场细分、目标市场选择，确定目标市场的顾客群体。市场需求有其客观和主观方面的影响因素，同时也与营销环境以及针对目标顾客群体所制定的营销战略、营销方案以及为此付出的营销努力有关。深蓝渔业产品的市场需求是特指在一定的行业性营销环境和营销努力下的产品市场需求量。

从理论上分析,深蓝渔业产品的市场需求状态包括以下几种:① 潜在需求。潜在需求是指新生代消费者群体对于深蓝渔业产品的潜伏性消费意愿与购买能力,或者消费者在客观上具有较高的市场需求水平,但由于现阶段三文鱼等深蓝渔业产品及其服务无法有效满足其需求而造成的潜在性市场需求。对此,深蓝渔业生产经营主体,一方面需要针对新生代消费者群体增加有效供给;另一方面则需要进一步完善营销理念,展开市场需求分析研究,摸清潜在需求规模、结构以及具体的空间、时间范围,制定行之有效的营销方案,系统地提升营销能力并付出特定的营销努力,由此将潜在需求转化为现实需求。② 拓展性需求。拓展性需求是指三文鱼等深蓝渔业产品凭借自身所具有的特殊营养成分而备受消费者青睐,同时对其他海产品具有较高的替代性,由此而形成的扩张性市场需求。新生代消费者群体的消费理念、消费行为模式新锐,同时其收入水平、消费水平处于快速增长期,因此新生代消费者群体对三文鱼等深蓝渔业产品的市场需求量会随着有效供给水平和收入水平的快速提高而不断增长,同时还会随着深蓝渔业生产经营主体的营销能力和营销努力水平的提高而不断拓展。③ 不规则需求。不规则或非规律性需求是指消费者群体对于三文鱼等深蓝渔业产品的需求会因为具有类似于“随机游走”的购买与消费行为特征,从而使市场需求的规模与结构、时间、地点等呈现出不规则的冲动性、偶发性、随机性、随意性的需求状态。经验表明,三文鱼等深蓝渔业产品的市场需求规模和结构会在一年之内的不同季节、月度甚至一周之内呈现出非规律性的波动。对此,深蓝渔业产品营销主体需要通过构建信息网络平台提升市场响应速度,采取灵活的产品定价策略,拓展渠道销售网络,提高购买和消费的便利性,提高物流配送速度等。④ 充分需求。充分需求是指目标市场顾客群体对于三文鱼等深蓝渔业产品的消费需求量与深蓝渔业生产经营主体所预期的市场需求水平达到均衡状态。这种需求状态是三文鱼等深蓝渔业生产经营主体所期望并努力维持的一种理想市场需求状态。为此,深蓝渔业生产经营主体需要随时跟踪、分析和研究市场竞争格局与消费需求偏好等各种影响因素的动态变化,定期测度目标市场顾客群体的消费满意度与忠诚度,密切跟踪、分析消费者的需求水平、时间、地点与消费方式等诸多变化,尤其是关于产品质量、标准等级、价格、配送服务等各项顾客满意价值指标体系的动态变化,由此不断提升目标市场顾客群体的顾客满意度,最大限度地维持充分需求状态。⑤ 过量需求。过量需求是指消费者对于三文鱼等深蓝渔业产品的市场需求水平超过了生产经营主体的有效供给水平。近 20 年来我国三文鱼等深蓝渔业产品在国内市场整体上处于有效供给不足状态,除了产品有效供给不足之外,对于深蓝渔业产品的消费需求来说,过量需求还表现为营销服务有效供给不足,譬如消费知识、购买与消费场景、物流配送等系列服务难以满足消费者的价值需求。为此深蓝渔业生产经营主体,一方面需要通过开展规模化养殖与加工增加产品有效供给,另一方面需要针对消费者、特别是新生代目标顾客群体的需求规模、结构、变化等,科学设计、实施并不断优化营销模式和具体的营销方案,适时地调整供需规模和结构,尽可能做到供需相对均衡。

自改革开放以来,随着我国居民收入水平的不断提高,消费需求层次不断提升,水产品已经成为城镇居民生活消费的必需品之一。目前从水产品市场整体供需规模与结构看,我国已成为世界上规模最大的水产品生产国与消费国,同时也是全球最大的水产品养殖国。2011～2016 年,全国人均水产品消费量呈现稳定上升趋势,每年的增长速度为 3.1%。其中,城镇人口购买水产品的量在 2013 年曾经略有下降,大致保持每年平均 1.8% 的增幅;农村人口人均增长速度为 7.0%。具体参见图 4-29 所示。

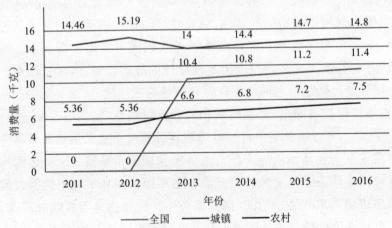

图 4-29　2011～2016 年我国城镇人均水产品消费量增长趋势

数据来源:《中国统计年鉴》

在水产品消费需求中,三文鱼等深蓝渔业产品的消费需求是一个重要构成部分。我国沿海和内陆城市居民对于三文鱼等深蓝渔业产品一直保持旺盛的市场消费需求。在过去很长一段时期,由于我国国内自然生长、捕捞与养殖的三文鱼等深蓝渔业产品产量较小,产品供给难以满足国内市场需求。因此,国内市场消费需求的满足主要依赖进口产品与淡水养殖产品。2011～2015年,我国三文鱼进口量年均增长速度高达40.7%,在2014年增长幅度最大,达到96.5%。2011～2015年三文鱼进口量参见图4-30、4-31所示。

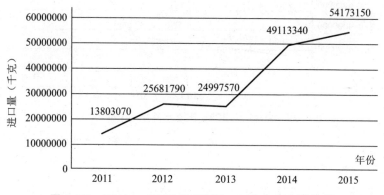

图4-30　2011～2015年我国进口三文鱼量变动趋势

数据来源:《中国渔业年鉴》

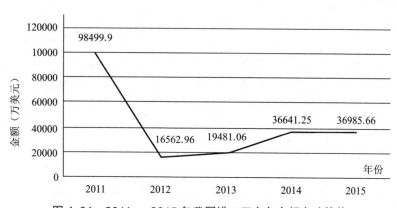

图4-31　2011～2015年我国进口三文鱼金额变动趋势

数据来源:《中国渔业年鉴》

　　2011～2016年,我国各地区三文鱼的淡水养殖产量呈现稳步上升趋势,平均每年的产量增长速度高达58.3%。2015年全国各地区三文鱼的淡水养殖产量增长速度最快,高达231.8%,淡水养殖产量突破1万吨。具体参见图4-32所示。

图 4-32　2011～2016 年淡水养殖三文鱼增长趋势

数据来源：《中国进出口水产品贸易年鉴》

长期以来，三文鱼等深蓝渔业产品的国内市场需求主要依赖于产品进口和淡水养殖产品，因此深蓝渔业产品的市场供求结构处于失衡状态。近些年来，我国一大批海洋渔业企业通过研发和运用深远海养殖技术和装备，开展深蓝渔业规模化绿色养殖，产品供给呈现不断上升趋势，由此推动了市场需求规模的扩大和市场需求的增长速度。与此同时，随着我国城镇化进程的日益加快，城市化水平的不断提升，经济发展水平和居民收入水平的不断提高，以及人口规模与结构、人口地理分布结构、居民年龄与家庭结构、居民消费偏好等方面的变化，国内市场对于深蓝渔业产品的总体需求量和整体消费水平呈现出日益增长和提高的趋势。特别需要注意的是，现阶段各个不同年龄段的消费者群体对于深蓝渔业产品的市场需求表现出较为显著的结构性分化态势，中年与老年消费者群体对于深蓝渔业产品的市场需求在总体上处于稳定状态，而 80 后和 90 后的新生代消费者群体，受经济社会发展背景、家庭收入水平、社会消费时尚、个体消费偏好与消费个性的影响和驱动，对于深蓝渔业产品的市场需求表现出强劲旺盛的势头，日益成为深蓝渔业产品的市场需求主体。

二、深蓝渔业产品市场需求影响因素

理论研究与调研分析结果表明，三文鱼等深蓝渔业产品的市场需求受到经济与社会发展水平、城镇化水平、人口年龄结构变化、社会文化、居民个体与家庭收入水平、产品价格水平与市场竞争程度、居民消费理念与消费偏好等一系列因素的影响。

目前,学术理论界从一般意义上研究了影响水产品、海产品市场需求的基本因素,这种一般性影响因素的研究对于分析深蓝渔业产品市场需求的影响因素可以起到参照作用。根据研究文献归纳,影响水产品、海产品市场需求的基本因素包括:

(1)地理或区域性因素。郭淼等学者(2008)通过问卷调查发现,沿海居民相对于内陆区域的居民拥有更高的海洋渔业产品消费兴趣、消费偏好与消费数量等;孙琛等学者(2015)通过比较沿海与内陆地区两类不同区域内的上海、北京与西安三市居民对水产品的消费需求影响因素及其需求特征发现,沿海和内陆的地理位置或空间区域会影响到居民对于水产品的消费决策。如上海居民因为同时靠近淡水与海产品产地而普遍表现出更加明显的水产品消费意愿,而且上海居民更加倾向于购买与消费生鲜水产品而不是冷冻产品,产品的新鲜度显著影响上海居民的消费选择。

(2)经济因素。我国城乡居民对于水产品的消费需求受到城市化、人口数量与居民收入水平、水产品加工业发展水平以及水产品市场发展水平等一系列因素的影响(高金田等,2013)。王丽娟等学者(2009)认为,我国城镇居民随着收入水平的提高而愈来愈意识到水产品是优质蛋白质载体,从而对于水产品消费观念的转变与消费倾向日益显著,水产品平均消费量显著提升,高收入阶层更加青睐于高端水产品。刘锐等学者(2011)提出水产品并非我国城乡大多数居民的日常生活必需品,其收入弹性高于粮食、畜产品等。总体而言,海洋渔业产品的消费需求一般会随着社会经济发展与收入水平的提高而不断增长。但现有的理论研究还发现,居民收入水平之外的其他因素如年龄、消费习惯等对于水产品市场需求的影响作用越来越显著。胡求光等学者(2009)利用计量方法对我国城镇居民水产品消费数据进行分析,发现尽管居民收入水平和城市人口数量一般会直接影响水产品的市场需求,但收入水平对于水产品市场需求的影响程度或收入弹性可能呈现出递减趋势。在影响水产品市场需求的因素中,价格因素十分重要。黎鹤仙等学者(2012)以上海地区的调研数据为基准,通过实证分析发现,2000年之前的人均GDP水平是水产品消费水平的主要影响因素,而在2000年之后,水产消费价格指数成为主要影响因素。

(3)社会因素。人口数量与结构、城镇化水平、家庭单元数量与结构以及教育、文化、社会习俗、饮食传统、法律法规等社会因素影响到海洋渔业产品的市场需求。谭城、张小栓(2005)曾经提出,城市老龄化程度不断提高,老年人更加重视养生保健,水产品因为可以较好地满足老年人对于优质蛋白的营养摄取与养生保健需要而逐步成为城镇居民的首选。郭淼等学者(2008)通过问卷调查发现,40～50岁的中年消费群体对于海洋渔业产品拥有更高的消费频率、消费数量与质量等级。Justo Manrique(2006)曾经指出,经济发展、人口变化会对海产品市场需求产生显著的影响,而家庭收入、人口变动是西班牙家庭对于海产品消费需求的主要影响因素,而且同时发现妇女的时间观念可以显著地影响新鲜、冷冻、腌制、罐头等不同类型海产品的消费决策。姜家泰(1994)主张应该加大水产品的营养价值与保健作用的宣传力度,来促进城乡居民对于水产品的市场需求。杨招萍等学者(2007)曾以长三角地区为例,发现随着居民文化素质的提高,居民会越来越重视水产品的消费,而长三角地区居民文化素质较高,具有更强烈地追求绿色、健康食品的消费意愿,水产品企业应该集中优势养殖特种水产品,并提升其附加价值。除此之外,有关学者认为,较高的教育水平会使得消费者对于水产品的消费需求具有更加显著的多样性偏好、个性化特征,新生代消费者更容易接受新产品、新型的消费方式。鉴于海洋渔业产品的生产、加工、分拣以及其他生产技术标准等缺乏相应的制度规范,赵秀秀等学者(2010)认为,我国应该尽快颁布实施诸如渔业增值、养殖管理办法等相关配套的法律制度,并明晰水产品的包装标识制度、产地准出制度等,以此规范水产品的生产技术流程,同时合理保护水产品市场参与者的合法权益。Jiehong Zhou(2013)还提出,水产品的安全保障既需要法律制度的制约,同时也需要生产经营主体自身的监督管理体系发挥作用。叶勇等学者(2011)认为,我国对于水产品的监督形式相对单一,可以适当借鉴日本采取的政府和地方双路线批发制度,该制度可以针对不同规模的水产品批发市场实现有效管理和双向监督。

（4）技术因素。康斯柯等学者(2009)曾指出,我国水产品目前的加工技术与设备水平相对滞后,一方面导致产品质量与安全难以充分保障,使得水产品的附加价值无法充分体现,另一方面也严重制约了水产品的市场需求规模与需求水平。李伟丽等(2018)就真空、充氮与空气包装三种不同类型的包装方法或技术工具可能对三文鱼片(4℃冷藏14天)的货架品质产生的影响展开技术测试,通过检测储藏期间鱼肉质构、色差、硫代巴比妥酸(TBA)以及挥发性盐基氮(TVB-N)等代表性指标的动态变化,对储藏期间三文鱼片的品质变化展开动态系统评价,从中发现质构指标中的硬度、黏度与咀嚼性会随着储藏时间延长而降低,当三文鱼货架期到 14 天时,真空包装产品的咀嚼性为 130,硬度为 320,分别为空气组的 1.3 倍与 2 倍;色差、TBA 与 TVB-N 逐步升高,pH 先减后增。其中,鱼片脂肪氧化程度在货架 8 天时就超过标准值,而充氮和真空包装则超过 8 天,分别达到 10 天、13 天,空气包装、充氮包装与真空包装的三文鱼片保质期分别为 8 天、12 天、14 天,在 4 ℃ 条件下,真空包装冷藏的三文鱼片货架保鲜寿命高于其他两种类型包装 5～6 天。张新林等(2016)曾经以细菌总数、pH、硫代巴比妥酸(TBA)、挥发性盐基氮(TVB-N)以及色差值等作为品质变化的关键指标,探索三文鱼在不同低温储藏条件下的品质变化规律,通过实验分别对 −2 ℃ 微冻低温、0 ℃ 和 4 ℃ 常规冷链低温皆储藏 12 天的三种不同温度储藏条件下的三文鱼肉进行品质和生化指标分析,发现随着储藏时间的延长,三种低温条件下的三文鱼品质皆会出现劣变现象,但是不同温度条件对于品质劣变的影响存在差异,适度低温有利于降低劣变速度。其中,−2 ℃ 微冻低温储藏可以明显地抑制微生物或细菌生长,减缓蛋白质和脂肪氧化速率,可以较好地保持三文鱼的品质和营养成分。另外,0 ℃ 和 4 ℃ 常规冷链低温的货架期分别为 10 天与 8 天,而 −2 ℃ 微冻低温的货架期则为 13 天左右。王一帆等(2016)曾经专门就三文鱼冷藏期间温度波动对于三文鱼品质的影响进行研究,发现在冷藏 4 ℃ 的环境下,温度波动(±2 ℃)对三文鱼片样品的 pH、TVB-N 值影响较小,而对样品色差值具有显著影响,而(4±0.1)℃ 样品的高品质货架期比(4±2.0)℃ 组的长近 1 天,这表明三文鱼片冷藏期间的温度波动 [(4±2)℃] 对其品质会产生不良影响。张宁、谢晶等(2015)曾经测试研究三种不同体积分数 CO_2(50% CO_2 + 50% N_2;60% CO_2 + 40% N_2;70% CO_2 + 30% N_2)的气调包装对存在温度波动的冷藏物流链中三文鱼品质保持的作用,研究结果显示:不同体积分数 CO_2 的气调包装对冷藏物流中温度变化所导致的三文鱼品质下降均有减缓作用,但气体比例为 70% CO_2 + 30% N_2 的气调包装的减缓效果最佳,不仅可以使三文鱼肉维持较低的 TVB-N 值,同时能抑制微生物的繁殖,保证三文鱼即使是在贮运末期依然可以保持良好的品质。因此,在冷藏物流链中出现温度波动的情况下,采用气调包装是一种有效弥补三文鱼品质下降的方法。邓林等(2012)曾经通过食品技术工具对挪威三文鱼肌肉中的营养成分与营养品质进行分析检测和评价,发现挪威三文鱼肌肉干样中富含粗蛋白(69.89%)、粗脂肪(23.78%)、氨基酸(18 种)等,其中有 8 种人体所必需的氨基酸,综合评价认为挪威三文鱼具有较高的营养价值。总之,三文鱼产品的品质和质量严格依赖于包装材料、包装方式以及冷藏、物流运输过程中的冷藏方式、运输方式、运输时间等。

（5）市场营销因素。市场营销可以从观念层面影响居民的消费偏好和消费习惯，帮助消费者塑造科学健康的消费方式，推广普及消费者关于如何识别水产品新鲜度、水产品质量以及水产品消费方式等方面的知识，引导和激励消费者扩大对水产品的消费需求。张欢等（2009）认为，我国水产品产业及其企业依然处于技术应用率较低的粗放式发展阶段，需要改变单一的产品生产加工方式，丰富水产品生产、供给与消费结构，同时水产品生产经营主体需要塑造品牌形象，实施品牌营销策略。康斯柯等（2009）认为应通过构建相对合理、完善的水产品流通渠道，拉动消费增长、促进生产；通过减少流通环节降低中间成本，提高流通效率，降低水产品消费价格。Shenrong GAO（2011）认为，我国虽然拥有世界第一规模的水产品生产量，但市场体系或市场结构存在缺陷，当前亟须完善与解决诸如管理体系、质量安全等制约因素。蔡孟沿与孙琛（2015）通过对北京、上海等城市消费者对水产品消费市场的实证分析发现，居民对绿色水产品的消费兴趣升温，同时消费者对新兴的营销渠道与营销模式的接受程度上升。

国际市场营销因素也受到一些学者的关注。Richard S.Jhonston（1991）曾经系统地分析了自 1977 年之后的世界深水鱼或传统的深蓝渔业贸易市场变化，并重点分析了当一个国家面临新型的贸易格局或国际市场环境发生显著的变化时，国际市场营销对于水产品进出口贸易的影响。挪威、冰岛等国家生产的三文鱼产品在销往中国市场时，本国驻华领事馆、贸易委员会及其工作人员付出了很大的营销努力，而政府与企业共同出资设立的行业组织机构作为政府或半官方机构出资负责本国产品在中国市场的宣传、推广，扩大出口国的三文鱼产品在中国市场的知名度与美誉度等，有力促进了该国产品出口到中国市场（樊旭兵，1998）。苏格兰地区的三文鱼之所以能够赢得国际高端市场的青睐，并保持较快的市场需求增长速度，除了凭借其产品的口感、品质等国际市场竞争优势外，还获得了苏格兰食品和饮料出口计划的重要支持，苏格兰政府机构、苏格兰鲑鱼生产者组织（SSPO）与生产经营主体等共同致力于塑造享誉全球的三文鱼品牌。

从影响水产品、海产品市场需求的一般因素出发，针对三文鱼等深蓝渔业产品的特性、市场需求特点、产品消费特点等进行分析，影响深蓝渔业产品市场需求的主要因素包括如下方面：

（1）生产技术因素。三文鱼等深蓝渔业产品相对于其他海洋渔业产品而言，其养殖作业过程高度依赖于海水养殖高端装备与海洋生态环境控制等多种先进技术,而且在生产养殖之后的成品鱼分拣分类、加工、包装、冷藏、运输直至营销服务等价值链全过程都需要相应的先进技术条件支撑,其中包括加工技术、包装技术、信息网络技术、冷链物流配送技术等。在深蓝渔业养殖过程,海水养殖高端装备与海洋生态环境控制等先进装备和技术,可以改变或控制海水养殖与作业周期及其海洋生态环境变化等,进而影响深蓝渔业产品的养殖规模与成本、产品品质与质量标准、产品生产周期、产品订单与交付周期等。在产品供应链运营过程,深蓝渔业产品冷藏与运输、中间商陈列过程需采取产品保鲜技术或精准的货架期温控技术、智能型或敏捷的冷链物流配送技术系统,以保证三文鱼等深蓝渔业产品的新鲜度与产品质量。同时,深蓝渔业产品需要运用互联网与移动互联网等现代信息技术以及智能技术等,构建与终端服务市场、个人与家庭消费市场之间的信息交互和订单支付系统,以此做到对市场需求的敏捷响应。总之,深蓝渔业生产经营企业需要在产品养殖、产品加工、物流配送等价值链过程采取一系列的先进技术,以保证产品的有效供给。

（2）产品价值因素。三文鱼等深蓝渔业产品养殖对水质有严格的控制标准要求,因此成品三文鱼因为未受到任何环境污染而成为一种天然的绿色食品,从而在一般条件下深受消费者的青睐（刘雅丹,2004）。通过问卷调研分析结果发现,三文鱼等深蓝渔业产品的新鲜度、产品种类、质量标准等级与口味是影响 80 后、90 后等目标市场顾客需求的重要因素。不过,虽然"海洋牧场"型养殖三文鱼在生产养殖过程中对水质有严格的控制标准,但需要进一步制定和推行"海洋牧场"型三文鱼产品加工、分拣与分类以及产品质量等级的标准等,以区别于现阶段市场出售的进口三文鱼以及淡水养殖的三文鱼等。

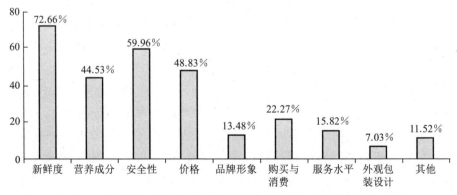

图 4-33　新生代目标市场顾客对于深蓝渔业产品价值的诉求示意图

数据来源:笔者根据调研问卷整理

表 4-9　目标市场顾客对于深蓝渔业产品新鲜度的价值诉求统计结果

目标市场顾客对于深蓝渔业产品新鲜度的价值诉求统计		统计量	标准误
均值		4.21	.047
均值的95%置信区间	下限	4.12	
	上限	4.30	
5%修整均值		4.32	
中值		5.00	
方差		1.137	
标准差		1.066	
极小值		1	
极大值		5	
范围		4	
四分位距		1	
偏度		−1.293	.108
峰度		.921	.215

（3）服务价值因素。三文鱼等深蓝渔业产品属于较为典型的"产品＋服务"整体产品类型。产品加工与包装、配送速度以及营销服务质量等显著地影响到新生代目标顾客的购买和消费选择。

三文鱼等深蓝渔业产品具有显著的即时性与随机性购买和消费的特征，而消费者相对缺乏关于产品质量等级认知、货源产地识别与消费方式等方面的知识，同时现代城镇居民的工作与生活处于一种快节奏状态，这种快节奏的工作与生活方式正深刻地改变或影响着深蓝渔业产品目标市场顾客群体的消费需求意愿、价值诉求结构变化以及具体的消费行为决策等，因此，服务价值因素已成为影响深蓝渔业产品目标市场顾客群体消费需求的重要因素。为此，深蓝渔业生产经营企业需要构建与目标顾客群体需求与消费特点、快节奏的工作与生活方式相匹配的敏捷、便利与高质量的服务质量保障体系。其中主要包括目标市场顾客群在购买与消费过程中的产品和消费知识普及、产品与服务信息搜索、订单与支付、产品包装与配送、购买场景、消费信息共享等一系列增值服务。通过提供增值服务提升目标市场顾客对深蓝渔业产品的购买与消费兴趣，以此激发市场需求。

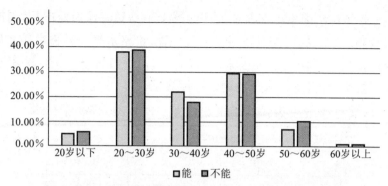

图 4-34 目标市场顾客对于快捷购买和消费三文鱼的评价

数据来源：笔者根据调研问卷整理

表 4-10 目标市场顾客对加工、配送速度与服务质量评价统计结果

加工、配送速度与服务态度等服务因素对购买与消费的影响作用		统计量	标准误
均值		3.67	.069
均值的 95% 置信区间	下限	3.54	
	上限	3.81	
5% 修整均值		3.71	
中值		4.00	
方差		.933	
标准差		.966	
极小值		1	
极大值		5	
范围		4	
四分位距		1	
偏度		−.271	.174
峰度		−.279	.346

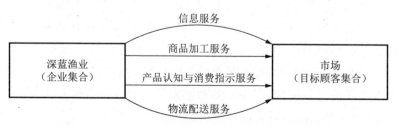

图 4-35 深蓝渔业产品目标市场顾客服务诉求示意图

（4）产品价格因素。深蓝渔业产品属于中高端海洋渔业产品，其产品价格相对较高。对于我国大多数城乡居民来说，价格水平是影响对三文鱼等深蓝渔业产品消费需求的重要因素。但新生代消费者对于三文鱼等深蓝渔业产品的消费选择，受价格水平的影响程度较低。

表4-11 价格因素对目标市场顾客购买和消费影响评价统计结果

价格因素对购买和消费的影响作用		统计量	标准误
均值		3.64	.070
均值的95%置信区间	下限	3.50	
	上限	3.77	
5%修整均值		3.68	
中值		4.00	
方差		.954	
标准差		.977	
极小值		1	
极大值		5	
范围		4	
四分位距		1	
偏度		-.287	.174
峰度		-.190	.346

随着深蓝渔业产品养殖技术的成熟和养殖规模的扩大，产品价格的变化在总体上会呈现下降态势，同时，价格因素对于新生代目标市场顾客群的消费需求影响程度也呈现递减趋势。在产品价格水平约束力减弱的情况下，深蓝渔业产品的选购成本将愈来愈影响到目标顾客群体的消费需求决策，其中主要包括时间、精力与体力等直接选择成本和购买、消费成本等。

（5）产品品牌形象因素。深蓝渔业产品的品牌体现并代表着产品的质量、产品的安全性、良好的服务以及养殖加工企业和供应商的形象等，良好的产品品牌不仅能够拓展市场需求规模，而且能够赢得顾客广泛持久的忠诚，从而保持市场需求规模的长期稳定，推动品牌深蓝渔业的持续发展。

表 4-12　品牌形象对目标市场顾客购买与需求影响的统计结果

品牌形象对购买与消费的影响		统计量	标准误
均值		3.60	.048
均值的95%置信区间	下限	3.51	
	上限	3.70	
5%修整均值		3.66	
中值		4.00	
方差		1.164	
标准差		1.079	
极小值		1	
极大值		5	
范围		4	
四分位距		2	
偏度		−.320	.108
峰度		−.477	.215

（6）消费偏好因素。三文鱼等深蓝渔业产品由于其特有的营养价值和消费方式，使得消费者对于该产品的市场需求与消费具有显著的需求偏好、消费偏好与消费个性，新生代消费者的需求偏好与消费个性表现得尤为突出。市场需求调研问卷统计结果显示，一方面，90后、80后新生代群体以及70后、60后中生代群体和50后老年群体中的目标市场顾客对于三文鱼的市场需求具有明显的消费偏好；另一方面，沿海与内陆大中城市的消费者对于三文鱼的市场需求也具有较为显著的消费偏好特征。消费偏好因素影响到深蓝渔业产品的市场需求结构、市场需求变化趋势。

（7）社会文化价值因素。三文鱼等深蓝渔业产品的目标市场顾客，在购买和消费深蓝渔业产品时，除了追求产品本身的功能性价值之外，同时还崇尚产品消费的社会文化价值。饮食文化是我国重要的历史传统文化，并渗透于消费者对深蓝渔业产品的购买与消费行为中，对消费行为选择起到潜移默化的引导作用。三文鱼等深蓝渔业产品的消费，具有体现消费层次、消费时尚、消费氛围的文化意味，这种文化意味构成了一种消费价值。毫无疑问，社会文化价值因素是影响深蓝渔业产品市场需求的因素之一。

（8）食品安全因素。传统的海产品市场，产品质量良莠不齐、鱼目混珠，假冒伪劣现象较为严重,存在着较大的食品安全隐患,影响和制约着消费者的市场需求。而三文鱼等深蓝渔业产品的养殖环境是绿色安全的,产品质量能够得到保证,同时深蓝渔业生产经营企业通过强化产品质量与消费安全意识,通过制定和执行标准规范的加工方式与工艺、产品质量等级与分类标准、产地准出制度、包装标识制度以及冷链物流配送质量标准等,可以从产品供应链体系上严格控制和保证产品质量与产品安全。食品安全是目前广大消费者普遍关注的消费热点问题,食品安全因素是影响深蓝渔业产品市场需求规模、市场需求变化趋势的重要因素。

第四节　深蓝渔业产品市场需求特性分析

一、深蓝渔业产品目标市场定位

深蓝渔业产品营销主体在进行目标市场定位之前,需要进行市场区隔和市场细分。市场区隔是对深蓝渔业产品的市场范围按照区域、收入水平、年龄结构、文化程度等划分出一个大致的市场消费群体,以避免市场细分、目标市场定位的盲目性。深蓝渔业生产经营企业可以对居民消费群体按照沿海与内陆地理区域、不同年龄、不同收入水平、不同学历层次以及不同消费习惯等,对市场消费群体进行识别、分类和选择,以形成框架性的市场区隔,如沿海地区市场与内陆地区市场、沿海和内陆地区的一线城市市场与二三线城市市场、80后与90后新生代市场和70后、60后中生代市场与50后老年市场,高、中、低收入水平的消费市场,以及饭店服务市场、中间商市场以及家庭消费市场等。在此基础上,深蓝渔业生产经营企业再按照地理空间、消费心理、消费行为、消费方式等进行具体的市场细分。市场细分是深蓝渔业生产经营企业通过市场调研,并依据消费者的需求和欲望、购买行为和购买习惯等差异,将区隔市场进一步划分为若干个消费者群的市场分类过程。经过市场细分之后,每个具有类似需求倾向或价值诉求的市场消费者群体就构成一个深蓝渔业产品的细分市场。

深蓝渔业产品市场细分的标准与基本原则是:① 可衡量性。可衡量性是指深蓝渔业产品市场细分的变量可以识别和衡量,如性别与年龄等人口统计因素、沿海与内陆的地理因素等可以识别、测量和界定明确的范围,而主观性的心理和行为变量可以通过观察、调研、识别以及判断消费者市场预期的顾客价值指标进行衡量与测度。② 可渗透性。可渗透性是指深蓝渔业生产经营企业在市场细分之后可以通过制定与实施相应的营销策略等有效地渗透或进入细分市场,并为预期的深蓝渔业产品消费者群体提供有效服务。其中包括信息可以有效传输至消费者细分市场,消费者选择、购买和消费产品具有便捷性或便利性,物流配送具有快捷性等。③ 可营利性。细分市场的目标顾客群对于深蓝渔业生产经营企业具有特定的价值属性,可营利性是指细分市场的潜在规模与价格水平决定的销售收入和利润率,能够使深蓝渔业生产经营企业实现预期的投资回报率目标。营利性与营销方案的有效实施密切相关,深蓝渔业产品的细分市场需要通过深蓝渔业生产经营企业的营销努力才能具有不断拓展的盈利空间。④ 差异性。差异性是在深蓝渔业产品细分市场能够有效识别、测度的基础上,依据细分市场顾客价值诉求进行个性化和多样性的市场细分设计,并进一步制定、执行差异化的营销战略规划与营销组合策略,以达到与其他细分市场不同的营销绩效目标。⑤ 相对稳定与持续性。经过市场细分之后,深蓝渔业生产经营企业应该保持细分市场的相对稳定性与持续性,包括细分市场规模与销售增长在一定时期内的稳定性和持续性,以及与细分市场相匹配的营销战略与策略的稳定性和持续性等。

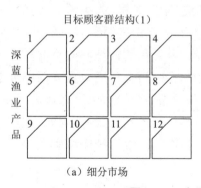
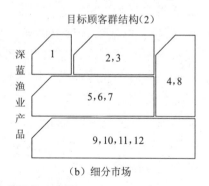

图 4-36 市场细分结构示意图

深蓝渔业产品的市场细分可以选择地理因素、人口统计因素、消费心理因素、消费行为因素以及顾客价值因素等不同维度。① 地理因素。如按照行政区域、城市与农村区域、沿海与内陆区域等进行市场细分。② 人口统计因素。人口统计因素具体包括年龄、性别、职业、收入、教育、家庭人口规模等。消费者因为年龄的差异而一般具有不同的生理特征、性格特征、收入特征以及文化教育特征等,并由此形成不同的消费偏好、习惯以及购买能力,同时扮演着不同的消费选择与购买决策角色。从消费者的消费意愿分析,男性与女性对于水产品中的海产品消费存在略微的差异,不同性别的消费者对于深蓝渔业产品同样存在一定的消费差异。从消费者的职业来分析,白领阶层的消费意愿更加显著,但不同职业阶层的消费者由于工作场景与生活方式的不同,从而对于深蓝渔业产品的消费需求也存在较大差异。从消费者的收入水平进行分类和识别,大致可以划分为五个群体:高收入群体、中高收入群体、中等收入群体、中低收入群体以及低收入群体。消费者不同层次的收入水平直接影响或决定消费者对于深蓝渔业产品的消费欲望、消费数量、消费频率等。教育水平的差异影响到消费者的生活方式、消费价值观念,进而影响到对于深蓝渔业产品的认知、消费意愿以及购买行为等。家庭人口规模对于深蓝渔业产品的需求规模与消费方式具有重要影响。③ 消费心理因素。消费心理是指消费者对于深蓝渔业产品的消费态度、消费倾向,具体包括消费个性、消费偏好、消费动机等。消费心理分为传统型、时尚型、新潮型、节俭型与奢侈型等。深蓝渔业产品的消费者心理具有多样性、个性化的特征。④ 消费行为因素。消费者行为包括购前、购中与购后三个阶段,细分变量包括产品认知、认知态度、产品信息搜集、购买时机、购买方式、购买与消费场景、购买数量、购买频率、购买与消费评价、产品忠诚度等。三文鱼等深蓝渔业产品的消费行为因素主要包括消费意愿、购买时机、购买频率、消费习惯、产品忠诚度等。⑤ 顾客价值因素。现代市场营销遵循顾客价值导向,而顾客价值诉求越来越呈现出个性化、多样性、多元化的特征。按照消费者对于深蓝渔业产品所关注或追求的顾客价值指标进行细分,可以选择的细分变量包括产品新鲜度、产品营养成分、产品质量安全、产品价格、产品品牌形象、产品购买与消费的便利性、产品配送时效性等。综上所述,地理因素、人口统计因素、消费心理因素、消费行为因素与顾客价值因素等构成深蓝渔业产品市场细分的基本维度。

深蓝渔业产品的市场细分,其目的是确定目标市场定位。目标市场是营销者准备以相应的产品或服务满足其需要的一个或几个子市场。目标市场定位的依据是企业拥有的资源与能力、市场需求的差异性、产品特征以及市场周期等因素。深蓝渔业生产经营企业进行市场细分的主要目的是选择、确定并有效渗透与服务的特定目标市场。从理论上说,深蓝渔业产品的目标市场定位可以有如下几种选择:① 目标市场集中化定位。这种市场定位是指深蓝渔业生产经营企业只选择某个单一细分市场为目标市场,并为该单一细分市场专门提供一种标准化的产品。对于大多数中小型或产品线较为单一的深蓝渔业企业而言,这是一种较为有效的目标市场定位,可以保障深蓝渔业生产经营企业获得专业化的经营优势与市场竞争优势,同时可以通过单一细分市场进行前期的市场营销实验,并向其他细分市场拓展。② 目标市场多元化定位。这种市场定位是指深蓝渔业生产经营企业选择多个细分市场作为目标市场,并为所有目标市场生产和提供一种标准化产品。在产品标准化的前提下,深蓝渔业生产经营企业可以通过制定差异化的产品规格、质量标准等级、产品包装设计以及产品服务标准等方式,实现一定程度的产品或服务差异化,用以满足不同目标市场的差异化需求。目标市场多元化定位,有利于深蓝渔业生产经营主体扩大市场规模、降低市场营销成本。③ 目标市场差异化定位。这种市场定位是指深蓝渔业生产经营企业有选择性地同时进入多个细分市场,并且同时为多个目标市场提供多种不同类型的差异化产品。目标市场差异化定位需要两个基本条件:一是各个目标市场的相关性较低,而且各个细分市场皆有较好的市场前景与市场机会;二是企业本身可以同时生产经营多种不同类型的差异化产品,而且这些差异化产品存在显著的价值差别。例如,深蓝渔业生产经营企业可以同时选择老年市场、60后与70后中生代市场以及80后与90后新生代市场,并针对三个不同目标市场顾客群的差异化价值诉求,分别生产和供给冷冻三文鱼、冰鲜三文鱼以及半成品、熏制三文鱼等多种不同类型的产品。

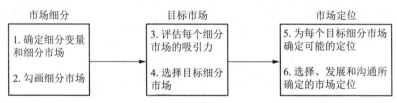

图4-37 市场细分、目标市场选择与市场定位示意图

一般来说,消费者的不同年龄基本代表了市场需求的不同层次。按照消费者年龄段的差异,深蓝渔业产品可以有选择性地同时进入多个不同年龄段的目标市场,并且同时向多个目标市场顾客群提供个性化、差异化的多种不同类型的产品。具体说,深蓝渔业产品的目标市场定位包括以下不同层次的市场:① 相对固定的老年市场。该目标市场顾客群主要是由老年消费者群体构成,该市场群体已基本形成了稳定的需求规模、消费习惯、消费偏好等。② 稳定增长的中年市场。该消费者群体拥有相对稳定并可观的收入水平,同样已基本形成了稳定的消费习惯与消费偏好,目前是中间商服务市场、餐饮服务市场与其他公共聚会场合的主要消费群体,其市场需求与消费潜力具有不断增长的趋势。③ 快速增长的新生代市场。该消费者群体拥有相对稳定并且快速增长的收入水平,而且是最为娴熟地运用互联网和移动互联网的群体,在互联网时代背景下,深蓝渔业生产经营企业如果采取有针对性的特定营销策略和营销努力,该目标市场群体就能够做出快速的市场响应。同时,因为 80 后、90 后包括部分的 70 后消费者具有新潮、时尚的消费需求特性,而三文鱼等深蓝渔业产品所具有的时尚、新潮等消费特点,可以有效吸引 80 后、90 后等新生代消费者群体,该消费者群体将逐步成为三文鱼等深蓝渔业产品的主要消费群体,从而形成快速增长的新生代消费者市场。

严格地说,上述各个不同年龄段的目标市场是一种准目标市场,针对准目标市场需要进一步划分出可以渗透和服务的有效目标市场,其中的重要参照指标是消费者的收入水平。市场调研结论显示,个人月收入水平达到 5000元以上,同时具有消费偏好的消费者群体,可以作为深蓝渔业产品重点开发、重点拓展的目标市场。

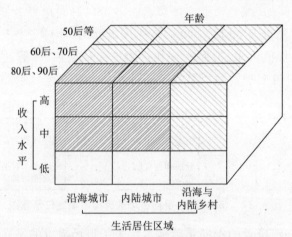

图 4-38　深蓝渔业产品多层次目标市场定位示意图

深蓝渔业生产经营企业除了可以按照年龄段、收入水平等选择重点目标市场之外,还可以按照地理区域等选择其中的重点目标市场,如一线、二线大城市,尤其是沿海大中城市,并根据不同城市的特征,分别选择某个或几个年龄段市场作为重点开发市场或不同阶段依次开拓、渗透与服务的市场,从而形成多层次的目标市场结构。再譬如,针对快速增长的 80 后与 90 后新生代市场,可以进一步细分为具有稳定收入并且具有相对稳定消费偏好的特定消费群体,并通过营销努力将潜在市场转化为有效目标市场、可渗透与可服务的目标市场等。

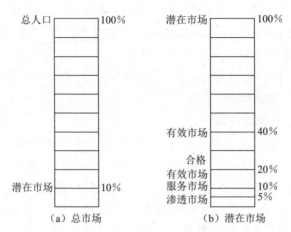

图 4-39　深蓝渔业产品多层次目标市场渗透决策示意图

针对深蓝渔业产品目标市场,可以采取的基本营销策略包括:① 无差异市场营销策略。无差异市场营销策略是指深蓝渔业生产经营企业只推出一种产品,或者只采用一种市场营销策略服务于目标市场顾客群体。② 密集型市场营销策略。密集性市场营销策略是指深蓝渔业生产经营企业将一切市场营销努力皆集中于一个或少数几个有效的细分目标市场。③ 差异化市场营销策略。差异化市场营销策略是指深蓝渔业生产经营企业根据各个细分市场的特性,分别提供差异化的产品和服务,并制定和实施差异化的营销组合策略,以此满足目标顾客群的差异化、个性化消费需求。差异化的市场营销策略能够充分地满足个性化的顾客价值诉求,进而赢得顾客的满意与忠诚。

二、深蓝渔业产品市场需求基本特性

与一般性海洋渔业产品相比,三文鱼等深蓝渔业产品因为富含高蛋白以及不饱和脂肪酸等多种成分而被视为一种符合现代食用价值标准的健康绿色营养食品。有学者通过对养殖三文鱼与挪威三文鱼肌肉的一般营养成分、氨基酸、常量及微量元素进行分析和比较,研究结果表明,养殖三文鱼和挪威三文鱼肌肉中的营养成分齐全,不饱和脂肪酸含量比例高,具有很高的食用营养价值和保健价值(刘延岭等,2011)。正是因为三文鱼等深蓝渔业产品是具有很高营养价值的绿色健康食品,所以在水产品市场上其价格水平也明显高于其他一般性的海洋渔业产品和淡水产品。另外,三文鱼等深蓝渔业产品有其特有的消费方式,科学研究和食用经验表明,食用生鱼片的消费方式最有利于保持和摄入三文鱼等深蓝渔业产品的营养成分,食用口感也最佳,因此食用生鱼片是三文鱼等深蓝渔业产品最主要、最主流的消费方式。由产品品质、产品价格和产品消费方式等因素所决定,三文鱼等深蓝渔业产品具有一些特殊的市场需求特点。

(1)间隔性市场需求特性。

与一般性的常规鱼类产品相比,三文鱼等深蓝渔业产品并不构成一般社会居民的日常生活消费品,一般性的常规鱼类产品可以每天上餐桌、每日进行消费,而三文鱼等深蓝渔业产品则具有间隔性或间歇性市场需求与消费的特性。这是因为,尽管三文鱼等深蓝渔业产品具有很高的营养与保健价值,但一般消费者并不需要每天补充三文鱼的营养成分,并且通过食用生鱼片的消费方式来摄入三文鱼的营养价值,也决定了一般消费者对于三文鱼的消费频率不可能很高,因为日常性的生食鱼片的消费模式对于一般消费者来说并不适宜。此外,三文鱼产品的市场价格高于一般鱼类产品的数倍,金枪鱼产品的市场价格远超一般鱼类产品,较高的产品价格约束也决定了一般消费者对于深蓝渔业产品的消费具有间隔性市场需求的特性。市场调研问卷统计数据表明,消费者对于三文鱼等深蓝渔业产品的消费频率,"每年几次"的比例为24.3%,"每季度几次"的比例为26.4%,"每月几次"的比例为27.6%,"每周几次"的比例为4.7%。

(2)即时性市场需求特性。

在互联网与移动互联网时代背景下,深蓝渔业产品的目标市场顾客群体,面临着工作与生活节奏加快、生活与消费方式改变、需求层次提升等诸多显著变化,这些变化使得消费者特别是新生代消费者不断追求一种便利、快捷的生活方式和消费方式。对于一般社会居民来说,三文鱼等深蓝渔业产品由于其特有的消费模式而不适合有计划的批量购买、长期储存,通常的购买与消费方式是一次性少量购买、现吃现买、即时购买、即时消费。同时,由于三文鱼等深蓝渔业产品的高档品质以及特有的消费口感,导致消费者尤其是新生代消费者对于该产品的购买与消费行为选择,经常性地受到消费时尚、消费情景、消费心理的影响和感染,因而其购买与消费行为决策显著地具有即兴式购买、即时性消费的需求特性。市场调研问卷统计数据显示，消费者对于三文鱼等深蓝渔业产品选择"即时性购买与消费"和"随机性购买与消费"的比例达到67%，选择"计划性购买与消费"的比例仅为12.8%，其中，20～60岁不同年龄段的消费者选择"即时性购买与消费"的比例最高，从沿海城市、乡村到内陆城市的消费者选择"即时性购买与消费"的比例最高，这表明"即时性购买与消费"是三文鱼等深蓝渔业产品最重要的市场需求特征。

（3）情绪性市场需求特性。

心理学将情绪定义为一种心灵深处的感受或对外部环境的心理反应。情绪是客观发生或存在的事物令人引发的愉悦、惊奇、失落、厌恶等心理状态，可用于衡量人的需要是否得到满足（耿黎辉等，2006）。按照营销理论的观点，顾客情绪是顾客在产品或服务购买过程中所产生的情绪反应（Westbrook和Oliver，1991），顾客情绪通常会直接影响、引发或增加顾客进一步的购买意愿、消费选择。顾客情绪理论大致分为二维度和三维度两种主要观点，其中，二维度或情绪的双因素模型又分为两种代表性主张，一种主张是分为愉悦和唤起两个维度；另一种主张是分为积极和消极两个维度。顾客情绪通常可能会被外部环境、消费体验、服务态度以及品牌形象等因素所激发，其中较多地会被顾客自身的消费体验所激发。需要注意的是，积极和消极情绪并非是绝对对立的两种情绪，而是相对独立的两种情绪状态，消费者在购买行为和消费体验过程中可能先后经历两种情绪状态，并且可能会从积极情绪转化为消极情绪，或者相反。另外，二维度或情绪的愉悦—唤起双因素模型（Pleasure-Arousal）认为，愉悦意味着顾客在购买行为与消费体验过程中能感受到诸如满足、高兴与快乐等情绪；唤起则意味着顾客情绪在购买行为与消费体验过程中被充分调动，顾客可能因此而表现出活跃、兴奋与激动等心理或情绪状态。顾客情绪的三维度观点认为在愉悦和唤起之外可以再增加一个支配维度，外部环境会使顾客产生愉悦、唤起与支配三种不同类型的情绪状态，顾客情绪的支配状态是特指顾客在具体的购买行为、消费体验过程中对环境所能够自主控制、自我调节的程度。餐饮消费通常被理论界视为一种享乐主义的消费经历或体验，这种消费体验可能唤起特定的消费情绪，而且可能会给消费者带来乐趣或兴奋等积极情绪状态，进而达到引导顾客情绪的结果（Holbrook，1982）。三文鱼等深蓝渔业产品的购买和消费场景，大致可以分为超市与便利店等中间商服务市场、酒店餐饮服务市场以及个人家庭消费市场等。目前,超市与便利店等中间商与酒店餐饮服务是三文鱼等深蓝渔业产品的重要分销渠道。超市与便利店、酒店餐饮服务的购买与消费情景,具有人与人、人与环境互动或交流的功能,有利于愉悦、唤起、激发目标市场顾客的消费情绪,从而刺激购买与消费。随着居民收入水平与消费水平的不断提高,三文鱼等深蓝渔业产品越来越成为周末、节假日等家庭聚会的消费选择。特别需要注意的是,基于三文鱼等深蓝渔业产品的品质、消费档次与特有的消费口感,消费者尤其是新生代消费者对于该产品的购买与消费选择,较为典型地受到节假日、纪念日、喜庆日、家庭聚会、朋友聚会、生活节奏等消费情景与消费文化的感染,以及崇尚消费地位、消费档次、消费口感等消费心理的影响,从而唤起和激发消费情绪,形成情绪化、情景性的市场需求。消费者访谈和消费经验表明,三文鱼等深蓝渔业产品具有非常典型的情绪性购买与消费的市场需求特征。

(4)保鲜性市场需求特性。

深蓝渔业产品的典型代表三文鱼,不仅富含高蛋白,而且含有丰富的 Ω-3 多元不饱和脂肪酸(EPA 与 DHA)。其中, Ω-3 多元不饱和脂肪酸可以有效降低胆固醇,降低心脏病、糖尿病、心血管病等疾病的发生概率,因此被认为是一种符合现代营养标准的健康食品。目前,三文鱼产品分为整条冷冻、整条冰鲜、冷冻鱼片、冰鲜鱼片等主要品种,按照市场消费需求,不同品种的冷冻、冰鲜产品都要求不同程度的保鲜性。冷冻三文鱼产品主要采取冷冻集装箱运输,冰鲜三文鱼产品主要采取泡沫塑料箱包装,在物流配送过程中要求保持恒定温度 $0\,℃ \sim 4\,℃$,而冷冻三文鱼产品则要求在仓储与运输过程中保持 $-18\,℃$。靳春秋等学者(2013)经过研究发现,三文鱼在冰藏期间的品质变化较快,化学指标变化较大,TVB-N、TMA-N、K 值增加较为迅速。经过综合实验的各项指标表明,市场上购置的冰藏三文鱼食用较为安全,但是覆冰三文鱼在贮藏 2 天之后即已不易生食或超出生鱼片的食用标准,覆冰三文鱼贮藏 4 天就达到品质终点。由此可见,以食用生鱼片为主要消费方式的三文鱼产品的消费需求,与其他鱼类产品相比,具有更加显著的新鲜度及其相应的服务价值要求,该产品的顾客价值诉求具有保鲜产品与保鲜服务相结合的复合型消费需求特性。因此,三文鱼生产经营企业必须提供与产品保鲜性相适应的供应链服务体系,在生产加工保鲜产品的基础上,提供便利的购买和消费场景、即时响应的配送服务等。

（5）地域性市场需求特性。

从消费文化的角度分析，不同的地域往往具有不同的消费偏好，而地域性的消费偏好与区域社会文化、社会习俗、消费传统、消费习惯、消费情感等密切相关。Tuan,Y.F（1974）认为，地域性是人与地方区域之间经过较长时期的互动关系而建立起来的一种情感联系和文化认同，消费偏好较大程度地受到地域文化、地域情感的影响。Barre,S.D等学者（2013）通过研究发现，风味独特的饮食及其所承载的地方性生活习惯和文化元素等可以使消费者与地域之间构建起深层次的人地关系。孙九霞等学者（2018）指出，在全球化背景下，通过饮食商业模式创新、消费者的文化认同和情感认同，可以培育和塑造地域性的消费产品。

经验表明，三文鱼等深蓝渔业产品的消费需求显著地受到地域社会文化、社会习俗、消费传统、消费习惯、消费情感的影响，其市场需求具有地域性特征。基于地域性消费文化的不同，沿海与内陆、城市与乡村的居民对于深蓝渔业产品的消费需求表现出明显的差异，如沿海地区居民的消费偏好从整体上倾向于海洋渔业产品、深蓝渔业产品，而内陆地区居民则更加偏好于肉类产品、淡水鱼类产品等。深蓝渔业产品的消费传统、消费偏好、消费习惯等，影响到不同区域居民的消费意愿、消费结构、消费需求数量，从而形成不同区域目标市场顾客群的市场需求与消费行为的差异性和多样性。其中，沿海地区的城市与乡镇以及内陆部分大中城市的居民对于深蓝渔业产品具有较高的认知能力、拥有较高的购买和消费需求意愿、具有相对稳定的消费偏好与消费习惯，因而，深蓝渔业产品具有显著的沿海地域性、城市地域性集中消费的市场需求特性。基于此，沿海城市、沿海乡镇和内陆大中城市将是深蓝渔业产品市场营销的重点目标市场。

三、深蓝渔业产品新生代消费者市场需求特性

深蓝渔业产品新生代消费者的市场需求特性，与新生代消费者的顾客价值目标密切相关。与中老年消费者相比，新生代消费者的顾客价值追求具有崭新的特点。从理论上说，顾客价值是一种顾客的感知价值，是消费者对所接受的产品或服务效用的总体评价（Zeithaml,1988）。Woodruff（1997）认为，顾客感知价值是消费者对于所购买和消费的产品或服务的功能特性、使用情况以及相对于自身消费预期的满足程度的认知和评价；Oliver和Desarbo（1988）、Bolton、Lemon（1999）认为，顾客感知价值是顾客衡量感知成本与所

付出的价格之间的比重,其中的感知成本包括货币支出与时间成本、机会成本等非货币性支出。菲利普·科特勒(1997)明确指出,顾客价值是一种让渡价值,可以简单表示为:顾客让渡价值＝顾客总价值－顾客总成本。其中,顾客总价值是顾客从某特定产品或服务中所获得的一系列利益,包括产品价值、服务价值、人员价值、形象价值等;顾客总成本是顾客为了购买和消费产品或服务而付出的一系列成本,包括货币成本、时间成本、精神成本与体力成本等。顾客一般是追求最大化价值,总是希望能够以最小的成本获得最大化的利益,据此使得自身需要获得最大限度的满足。Monroe(1990)认为,每位消费者皆期望可以增加收益并同时降低消费成本,以此获得最大化的顾客价值。白长虹(2001)、Chen、Dubinsky(2003)进一步指出,顾客感知价值可以主导商家在竞争中获得优势,在企业塑造和培育市场竞争力、预测顾客消费行为时顾客感知价值具有关键性影响作用。概括地说,顾客价值理论认为有形产品和无形服务的质量是顾客感知价值的要素(Carothers,1991),顾客感知价值包括认知价值、质量价值、价格价值、情感价值、社会价值等(Sweeney 和 Soutar,2001;Sheth,1991)。深蓝渔业企业所生产、提供给目标顾客的各种产品利益组合成分与结构的差异会影响到顾客对整体产品的感知价值,进而影响到顾客的购买与消费意愿。

表4-13　深蓝渔业产品顾客让渡价值结构图

一级指标	二级指标	三级指标	具体指标(属性与利益)
顾客让渡价值	顾客总价值	产品价值	新鲜度→质量、营养、口感、安全……
		服务价值	产品与消费知识教育、信息沟通、订单与支付、物流配送等
		人员与形象价值	销售人员与品牌形象、声誉
		社会价值	个人的社会地位与口碑、生态环保等
		情景价值	愉悦感、幸福感等
	顾客总成本	货币成本	价格成本支出(扣减折扣、让利等优惠)
		信息成本	产品、品牌、地点、人员等信息搜寻和沟通成本等
		选购成本	时间、精力与体力耗费及其机会成本;交通等支出
		物流成本	运输、储藏成本
		安全风险	交易过程与消费体验过程的风险

深蓝渔业产品新生代消费者的顾客让渡价值、顾客感知价值,除了注重

一般性的顾客总价值与顾客总成本的比较之外,更加追求便利、快捷、时尚、体验、兴趣等顾客价值目标,从而使深蓝渔业产品新生代消费者的市场需求显示出更加突出的即时性需求特性。80后与90后等新生代消费者群体,在信息化和网络化时代背景下,受思想观念、社会时尚、生活节奏、工作节奏、收入水平、家庭结构等因素的影响,其消费理念、消费模式、消费偏好、消费个性具有新的特点,成为深蓝渔业产品最具有市场潜力的目标顾客群体。理论研究与实证调研发现,与中老年消费者群体相比,80后与90后等新生代消费者对于三文鱼等深蓝渔业产品的消费意愿与市场需求具有如下几个方面的显著特性:

(1)市场需求更加追求消费体验与消费感知。

就新生代消费者日常消费需求而言,三文鱼等深蓝渔业产品在大规模产品供给、产品价格水平、产品消费方式等方面,对于一般性常规鱼类产品不具有替代性,也就是说,深蓝渔业产品受多种因素的约束,不构成新生代消费者的常规消费品。但是,深蓝渔业产品所特有的营养价值和绿色品质,三文鱼、金枪鱼等生鱼片所特有的消费方式、消费口感、消费趣味等,对于新生代消费者具有极大的吸引力和感召力,常常会因为某种消费场景和心理情景而刺激和激发消费欲望。绝大多数新生代消费者对于三文鱼等深蓝渔业产品的初期消费,是受一种好奇心理、前卫心理的驱动,因而消费意愿和消费行为选择主要表现为消费体验与消费感知,即通过购买场景体验、购买方式体验、消费过程体验等,去感知产品品质、产品服务、产品食用口感等方面的消费价值,进而获得消费感受和消费评价。好奇、尝试、体验、感知等是新生代消费者的一种常规心理和行为状态,随着深蓝渔业产品供应商向消费者不断推送新的产品品种、新的产品规格、新的产品包装、新的产品购买方式、新的产品消费方式等,新生代消费者对于深蓝渔业产品的购买与消费就会不断地处于消费体验与消费感知的动态过程中,从而形成一个稳定的市场需求层面。

(2)市场需求更加追求消费时尚与消费兴趣。

新生代消费者在生活方式、消费方式上是典型地追逐消费时尚的社会群体,其消费行为选择是追求新鲜、新奇、新潮、时髦、前卫等,延伸的消费场景是追求消费的档次性、展示性、炫耀性、娱乐性与趣味性等。对于新生代消费者来说,一般性的常规鱼类产品是十分传统的消费品,不管是个人消费、家庭消费还是社会宴请消费,都不足以体现和展示其消费水平的个性化和时尚性。而三文鱼等深蓝渔业产品的相对稀缺性及其所特有的产品品质、价格水平和消费方式等,则代表了水产品、海产品的消费时尚和消费新潮,因而成为新生代消费者的时尚性消费选择。通过市场调研访谈获取的信息表明,多数新生代消费者对于三文鱼等深蓝渔业产品的消费意愿和消费选择是出于追求消费时尚的心理动机。同时,与常规鱼类产品的消费不同,三文鱼等深蓝渔业产品的消费方式所产生的食用口感、所展示的消费档次、所烘托的消费氛围等,能够激发新生代消费者的消费趣味和消费兴致,从而引发不间断的消费欲望和消费需求。总之,与中老年消费者群体相比,新生代消费者对于深蓝渔业产品具有更加追求消费时尚与消费兴趣的市场需求特性。

(3)市场需求更加追求即时性与快捷性。

如前所述,对于一般社会居民来说,由于三文鱼等深蓝渔业产品的消费模式所要求的保鲜性,购买与消费行为方式是一次性少量购买、现吃现买、即时购买、即时消费。追求即时性、快捷性的购买与消费,是一般消费者对于深蓝渔业产品的市场需求特性。而新生代消费者日益个性化、多样化的消费倾向,表现在对于三文鱼等深蓝渔业产品的消费选择上,则更加突出地追求消费需求的即时性与快捷性。首先,新生代消费者面临的时代背景、社会环境使其工作节奏不断加快,由此改变了其生活方式和消费方式,快节奏的工作方式要求快节奏的生活方式与消费方式与之相适应,表现在对于包括深蓝渔业产品在内的消费品需求上,则要求时间成本的节约,追求便利消费、快捷消费。其次,新生代消费者的消费倾向越来越趋向于个性化,而这种个性化的消费倾向主要不是表现为消费者的个人化、个体化的消费需求,而是表现为消费者个体的碎片化、随机性、即时性需求,其中,即时性消费需求是新生代消费者个性化消费倾向的典型代表。三文鱼等深蓝渔业产品的保鲜性及其产生的消费感受,进一步强化了新生代消费者对于该产品的快捷性、即时性消费需求。再次,三文鱼等深蓝渔业产品具有特有的品质与消费口感,新生代消费者对于该产品的消费行为选择,常常会受到某种消费情景、消费心理的影响,因而其消费行为决策往往会受到某种消费兴致、消费趣味的支配,从而表现出冲动式、即兴式的即时性消费需求。

(4)市场需求更加追求信息化渠道与网络化渠道。

即时性、快捷性的消费需求及其满足依赖于现代信息网络渠道。与中老年消费者群体相比,80后与90后等新生代消费者具有更加娴熟地运用移动互联网技术的能力,其消费需求使得他们不断地放弃了传统的零售终端渠道,而追求并依赖于现代信息网络渠道。三文鱼等深蓝渔业产品的即时性、快捷性消费需求特性,使得新生代消费者对于该产品的购买与消费更加追求网络渠道,电商服务平台的快速发展为这种消费需求提供了广阔的前景。目前,新生代消费者主要通过网络渠道和电商平台了解、获取、传递和交流产品及其消费体验信息,主要通过网络渠道和电商平台进行个性化的消费场景体验,主要通过网络渠道和电商平台传递并满足消费需求,网购消费已经成为新生代消费者的主导性消费渠道选择。

综上所述,基于消费体验与消费感知,追求消费时尚与消费兴趣,主要依赖于网络信息渠道实现即时性、快捷性消费需求,是深蓝渔业产品新生代消费者市场需求的显著特性。

第五节　深蓝渔业产品市场需求预测模型

一、深蓝渔业产品市场需求演变趋势

对深蓝渔业产品市场需求演变趋势进行判断,需要从深蓝渔业产品市场供求关系的角度做出综合分析。长期以来,我国国内市场消费的三文鱼等深蓝渔业产品主要依赖于进口,产品进口主要来自挪威等北欧国家以及美国、智利等美洲国家,其中来自挪威等国家养殖的三文鱼一直占据国内大部分市场份额。随着我国经济发展水平和居民收入水平的不断提高,沿海和内陆城市居民对于三文鱼等深蓝渔业产品一直保持着旺盛的市场消费需求。2011年以来,我国三文鱼进口量年均保持超过40%的增长速度,但仍然不能满足国内市场日益增长的消费需求,三文鱼等深蓝渔业产品的市场供求结构处于失衡状态。在此背景下,我国沿海地区一批具有雄厚资本与技术实力的大型海洋渔业企业,通过自主研发、建造和引进深水养殖网箱、深远海大型养殖工船和养殖平台,开展三文鱼的深远海规模化养殖并取得了成功,批量养殖产品已经开始大规模上市。国内深远海三文鱼的规模化养殖及其持续发展,将进一步增大三文鱼产品的有效供给,并有效调整国内三文鱼产品的市场供求结构,形成国产产品与进口产品在彼此竞争中实现有效组合的市场供给格局。在三文鱼等深蓝渔业产品有效供给不断增大的市场格局下,基于对影响深蓝渔业产品市场需求基本因素的分析,在未来时期,深蓝渔业产品的市场需求将呈现出如下演变趋势:

第一,市场需求规模与市场需求总量将不断扩大和增长。鉴于沿海养殖产品不断暴露出来的食品安全问题,深蓝渔业产品的营养价值和绿色安全、天然无污染的品质,对于广大社会居民具有强烈的消费吸引力。市场调研问卷获取的信息表明,多数消费者对于深蓝渔业产品的品质及其安全性表示认同,居民消费的认知度很高。随着社会居民收入水平的不断提高、消费结构与饮食结构的调整优化,以及消费者食品安全意识的日益增强,越来越多的社会居民和消费者将更加青睐深蓝渔业产品,原有的目标顾客群体也将不断增加消费数量和消费频率,由此推动深蓝渔业产品的市场需求规模与市场需求总量不断扩大和增长。同时,随着三文鱼等深蓝渔业产品进口规模的不断扩大,国内深蓝渔业产业的日益壮大和发展,深蓝渔业产品的市场价格也会不断降低,较低的产品价格将进一步刺激市场消费需求。此外,在深蓝渔业产品市场竞争充分展开的情况下,深蓝渔业企业和供应商将致力于为顾客提供更加优惠、便利、快捷的增值服务,营销努力和营销模式创新也将有力推动深蓝渔业产品市场需求规模与需求总量的扩大与增长。

第二,市场需求的地域性将不断地改变或消失。如前所述,受地域文化、社会习俗、消费传统、消费习惯等因素的影响,三文鱼等深蓝渔业产品的消费需求具有地域性特征。目前,沿海地区的城市与乡镇以及内陆部分大中城市的居民对于深蓝渔业产品具有相对稳定的消费偏好与消费习惯,因而成为深蓝渔业产品营销的重点目标市场。然而,在互联网时代背景下,信息的广泛传播与共享,正在消除地域与空间差异,不同地域的消费文化正在相互影响、相互渗透、相互融合,从而使不同地域的消费需求不断地趋同和一致。另一方面,随着居民收入水平的不断提高以及城市化与城镇化步伐的不断加快,不同地域的社会居民和消费者都会逐步地认识到深蓝渔业产品的特有品质与消费价值,从而做出对于深蓝渔业产品的消费选择并不断地增加消费。更为重要的是,在现代智能技术、网络信息技术的支持下,深蓝渔业产品供应商构建的网络服务平台和快捷供应链、智能供应链,将消除消费需求的空间与地域差异,形成开放、统一的大市场格局。总之,在上述因素的影响和推动下,深蓝渔业产品的市场需求将从沿海地区向内陆地区、从城市向乡村蔓延和扩张,市场需求的地域性将不断地改变或消失,因此,深蓝渔业产品具有巨大的市场消费潜力和广阔的市场需求前景。

第三,市场需求的层次性与多样性将不断加强。随着消费者的收入水平、需求结构、需求层次以及消费意愿的不断变化,深蓝渔业产品的市场需求将越来越呈现出明显的层次性与多样性,即消费者在产品购买与消费过程中将不断地表现出不同的消费动机、消费个性与消费偏好。消费需求的层次性与多样性根源于消费者的年龄、性别、收入水平、职业、文化水平、家庭结构等差异。消费者因为年龄的差异而一般具有不同的生理特征、性格特征和收入特征等，由此形成不同的消费偏好、消费习惯以及不同的购买能力与需求能力；消费者因为性别的不同，在消费动机、消费意愿、消费行为决策等方面会显示出明显的差异；消费者不同层次的收入水平会直接影响到对于深蓝渔业产品的消费欲望、消费数量、消费方式和消费频率等；消费者由于职业的不同，对于深蓝渔业产品的消费意愿、消费方式会存在较大的差异；消费者的文化水平、受教育的水平，会影响到对于深蓝渔业产品的价值认知和消费趣味；消费者家庭结构的差异，会影响到对于深蓝渔业产品的消费规模与消费数量。受上述不同因素的影响，消费者对于深蓝渔业产品的新鲜度、质量标准、质量等级、产品规格、产品包装、食品安全、产品价格、产品品牌、购买方式、配送时效、服务质量等会产生不同的差异化的顾客价值追求，从而呈现出不同层次的多样性、个性化的消费需求格局。对此，深蓝渔业生产经营企业和产品供应商，应该围绕着消费需求的层次性、多样化与个性化，不断调整产品结构，不断丰富产品价值内涵，不断创新营销模式，不断优化服务质量，以满足不断变化的市场消费需求。

二、深蓝渔业产品市场需求预测模型

深蓝渔业产品的市场需求预测包括消费需求水平预测以及市场需求量预测等。消费需求水平是指在某个特定时期内消费者群体所平均消费的产品数量与质量。市场需求量是关于个人、家庭、单位等各个不同消费单元需求量的总和。市场需求预测首先针对宏观或行业市场，在此基础上可以进一步分为某个特定消费者群体或某个具体目标市场需求预测。深蓝渔业产品目标市场需求预测的重点是市场需求总量、市场需求潜量、总市场需求潜量、市场需求趋势等。深蓝渔业产品市场需求预测的基本步骤如下：

第一步是确定目标市场。三文鱼等深蓝渔业产品的目标市场包括从50后及其之前的老年市场、60后与70后的中年市场到80后与90后及其之后的新生代市场等，深蓝渔业生产经营主体可以依据自身的生产经营战略等具体选择其中的某个或部分甚至所有目标市场，并确定所选择目标市场以人口或家庭为单位计算的消费单元数量，据此制定有针对性的营销方案。

　　第二步是确定地理区域空间范围的具体目标市场。通过测算目标市场消费单元数量占国内总消费单元的比重,乘以某地理区域范围内的人口或家庭总数量,大致可以测算出具体地理空间区域内目标市场的消费数量。

　　第三步是测算各个消费单元或顾客的年均购买与消费数量。首先统计和计算国内市场一定时期加权平均的总销量,以总销量/国内市场消费单元数量,计算出各个消费单元或顾客的年均购买与消费数量。

　　第四步是全面考虑预期内市场需求的各项积极或消极影响因素,系统评价各项限制性因素对于市场需求变化的影响程度,从而测算出具体地理空间区域内目标市场在预期内的市场需求量,包括市场需求最低量、市场需求潜量、总市场需求潜量等。

　　第五步是测算市场对于生产经营企业的需求量。首先测算生产经营企业的市场份额、市场占有率及其在未来的变动趋势,然后按照市场份额、市场占有率测算预期内市场对于生产经营企业的需求量。

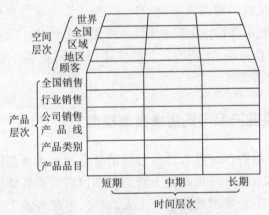

图 4-40　市场需求预测结构示意图

　　深蓝渔业产品市场需求预测包括市场需求最低量、市场需求潜量、总市场需求潜量、公司市场需求量、特定目标市场需求量等。需要注意的是,市场需求最低量与市场需求潜量、总市场需求潜量之间的差距或缺口是深蓝渔业生产经营企业营销努力的方向目标,市场需求潜量、总市场需求潜量是特定营销成本和营销努力的函数。参见图 4-41 所示。

　　(1)市场需求最低量。市场需求最低量是指深蓝渔业生产经营企业不经过任何营销努力就可以达到的基本需求量或需求规模,或者假设在居民收入水平、产品价格水平一定的条件下,消费市场自然形成的需求数量。

（2）市场需求潜量。市场需求潜量是指深蓝渔业产品在一定的营销环境下，当深蓝渔业生产经营企业的营销努力达到无穷大时，市场需求所趋向的极限。

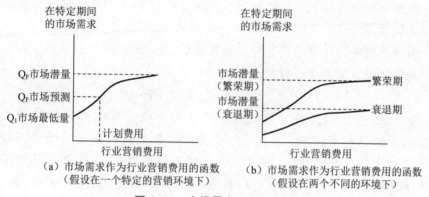

图 4-41　市场需求预测示意图

资料来源：菲利普·科特勒（1997）

（3）总市场需求潜量。总市场需求潜量是指深蓝渔业产品在一定时期内，在一定的营销环境和营销努力下，行业产品所能获得的最大需求量，即目标市场顾客群体所可能购买与消费的最高需求总量。

通常以下式来测算总市场需求潜量：$Q = nqp$。

式中，Q = 总市场需求潜量；

$\quad n$ = 一定假设条件下三文鱼等深蓝渔业产品的目标市场顾客数量；

$\quad q$ = 目标市场顾客的平均购买量；

$\quad p$ = 平均单位价格。

在此公式中，需要具体测算出三文鱼等深蓝渔业产品的目标市场顾客群体数量与平均购买量。

（4）公司市场需求量。公司市场需求量是指当某个深蓝渔业生产经营企业相对于竞争者的营销努力增大时，市场对于公司的产品需求所能达到的极限。

参照菲利普·科特勒（1997）的观点，根据影响深蓝渔业产品市场需求的主要因素，可以建立如下市场需求预测模型：

$$Q = f(X_1, X_2, X_3 \cdots X_n; Y_1, Y_2, Y_3 \cdots Y_m)$$

式中，$(X_1, X_2, X_3 \cdots X_n)$ 代表深蓝渔业生产经营企业各种可控制的目标市场顾客需求变量；$(Y_1, Y_2, Y_3 \cdots Y_m)$ 代表深蓝渔业生产经营企业各种不可控制

97

的目标市场顾客需求变量。其中,不可控制的 Y 变量主要包括目标市场顾客收入水平、行业价格水平、竞争者价格水平以及行业市场需求规模等,当这些变量因素发生变化时一般会引起目标市场顾客购买与消费的频率、数量等变化。深蓝渔业生产经营企业虽然难以控制这些变量,但客观上需要事先进行科学的预测和评估。

假设给定各种 Y 变量及其对市场需求量的影响水平,则深蓝渔业产品目标市场顾客需求量是 X 变量的函数:

$$Q = f(X_1, X_2, X_3 \cdots X_n; Y_1, Y_2, Y_3 \cdots Y_m)$$

如上所述,X 变量是深蓝渔业生产经营企业及其内部营销管理人员可以用于影响甚至改变、决定目标市场顾客需求的各种变量因素。按照菲利普·科特勒(1997)的解释,在一般条件下营销者可以控制的 X 变量主要包括:标价或定价水平(P)、折让(k)、变动成本(c)和营销费用(M)等,其中,变动成本(c)反映营销者改进产品质量、交货时间和顾客服务的程度。当把目标市场顾客需求量反应函数简化为企业和营销管理人员可以控制变量的函数时,则上式可简化表示为:

$$Q = f(P, k, c, M)$$

通常,企业营销费用(M)可以做多种不同组合式安排,其中主要包括市场调研(R)、广告(A)、销售队伍(D)、促销(S)等,这些因素共同构成营销组合要素。由此,企业的目标市场顾客需求量反应函数变为下式:

$$Q = f(P, k, c, R, A, D, S)$$

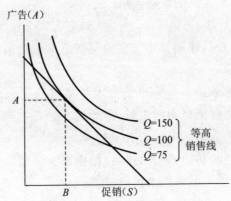

在一定的销售预算下,广告、促销组合与销售关系

图 4-42 广告、促销组合与市场销售反应函数示意图

对于深蓝渔业生产经营企业来说,标价或定价水平(P)、折让或价格

折扣（k）、变动成本（c）和营销费用（M）等构成基本的营销组合要素,而变动成本（c）、市场调研（R）以及品牌声誉（B）、广告（A）、销售队伍（D）等营销费用是更加重要的变量因素,其中,深蓝渔业生产经营企业尤其需要支出较高的市场调研（R）、变动成本（c）等费用。市场调研包括产品上市前期的市场分析、调研与需求预测等,变动成本重点是用于改进产品质量与提高服务质量,具体包括改进产品加工与包装水平,保障产品在物流配送过程中的新鲜度、构建网络服务平台和快捷供应链等成本。据此,可以将变动成本（c）进一步分解,具体分为产品新鲜度（Freshness indicator,以 F 表示）与服务水平（S）两个具体变量。由此,深蓝渔业产品目标市场顾客需求量的反应函数可以表示为:

$$Q = f(P, k, F, S, R, A, B, D)$$

由产品标价或定价水平（P）、折让或价格折扣（k）、产品新鲜度（F）、服务水平（S）、市场调研（R）、广告（A）、品牌声誉（B）、销售队伍（D）等构成的不同营销组合安排,会产生不同水平的目标市场顾客需求量反应函数。其中,产品新鲜度与服务水平的营销组合与产品需求或销售量的关系见图 4-43 所示。

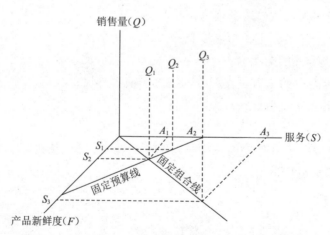

图 4-43　产品新鲜度、服务营销组合与销售的关系示意图

目标市场对深蓝渔业生产经营企业的需求预测,其重要指标是企业预期的市场占有份额,用公式表示为:

$$Q_i = S_i Q$$

式中,Q_i = 公司 i 的市场需求;

S_i = 公司 i 的预期市场份额；

Q = 市场总需求。

目标市场对深蓝渔业生产经营企业的需求预测，基本方法是现实和未来预期市场份额法，通过测算当前和未来的预期市场占有率，同时根据以往年度加权平均的市场需求潜量，预测今后一个时期的市场需求潜量。除了预期市场份额法之外，企业的未来市场需求预测还可以采取时间序列方法中的指数平滑法，该方法可以有效降低预测成本。指数平滑法需要有三项数据：一是期间的实际销售额 Q_t，二是本期平滑销售额 $\overline{Q}_t$，三是平滑常数 α。根据这三项数据，可以进行下一期的市场需求量或销售额预测：

$$\overline{Q}_t + 1 = \alpha Q_t + (1 - \alpha)\overline{Q}_t$$

式中，$\overline{Q}_t + 1$ = 下一期的需求量或销售额；

α = 平滑常数（$0 \leqslant \alpha \leqslant 1$）；

Q_t = 在 t 期间的销售额；

$\overline{Q}_t$ = 在 t 期间的平滑销售额。

深蓝渔业产品的地区市场需求预测，可以采用著名的多因素指数方法，该指数旨在反映不同地区的消费者相对购买力。反映不同地区消费者相对购买力的多因素指数表达公式为：

$$B_i = 0.5y_i + 0.3r_i + 0.2p_i$$

式中，B_i = 地区 i 的购买力占全国总购买力的百分比；

y_i = 地区 i 的个人可支配收入占全国的百分比；

r_i = 地区 i 的销售额占全国的百分比；

p_i = 地区 i 的居住人口占全国的百分比。

通过计算某个地区的消费者相对购买力指数，可以预测该地区可期望实现的市场需求销售量。

第五章

深蓝渔业产品营销模式的演进与创新趋势

第一节　深蓝渔业产品营销组织

一、深蓝渔业产品营销主体

深蓝渔业产品生产运营过程是一个从养殖生产、产品加工到物流、销售的产业链构造过程，处在产业链上的生产运营商共同面向市场需求、共同以增进顾客价值为目标，从而共同构成深蓝渔业产品的营销主体。从深蓝渔业产业链的构造来分析，深蓝渔业产品的营销主体包括养殖生产企业、产品加工企业、批发商、零售商、网络运营商等。

（1）养殖生产企业。开展深远海养殖需要一整套现代养殖技术与装备的支持，其养殖生产过程需要巨大的资本投入，因此，国内外的深远海养殖生产企业一般表现为大型渔业公司。这类大型渔业公司多数经历了一个从个体渔户、合作渔业组织到现代渔业公司的成长过程（李嘉晓，2017）。深蓝渔业产品的养殖生产过程是一个运用深水网箱、养殖工船、养殖平台等技术装备体系，从事苗种培育、鱼苗养殖、成鱼养殖、养殖品海上处理的生产过程。以日照市万泽丰渔业公司为例，其深远海养殖生产模式是：首先从国外引进优质三文鱼品种，开展苗种培育，鱼种培育基地建在临朐、郯城、泗水、博山等地，当鱼种长到150克左右时，再将鱼种运到日照市岚山区的海水驯养基地，通过逐渐增加盐度，调节光照，将鱼种逐渐驯养到海水中，待海水表层温度下降至18℃以下后，再将驯养好的鱼种运到日照市以东130海里的黄海冷水团中进行养殖，养殖一年半左右，成鱼规格每条达到4千克至5千克。养殖过程采用远海养殖工船、大型智能养殖网箱、绿色能源技术、自动投饵平台、加工运输辅助生产平台等深远海养殖装备体系。深蓝渔业产品的养殖生产过程，是深蓝渔业产品价值链构造的起点，养殖生产企业主要面向下游产业链和终端市场需求开展产品营销活动。

（2）产品加工企业。多数深蓝渔业养殖产品必须经过一个加工过程才能变成为制成品和满足市场需求的最终产品，因此，深蓝渔业养殖产品的加工生产过程不仅是深蓝渔业产业链的延伸，而且是深蓝渔业产品价值链构造的重要环节。从事深蓝渔业产品的加工企业是极为重要的营销主体。产品加工企业主要运用现代水产品精制加工技术与质量安全保障技术开展生产经营活动，其技术体系的构成包括大宗养殖品前期处理技术、养殖品无残留减菌技术、鲜味降解抑制技术、产品构质保持技术、营养保持杀菌技术、辐照技术、产品保鲜技术、无菌包装技术、加工副产物规模化生物转化利用技术、产品质量安全高效监测技术、产品质量安全控制与预警技术、产品质量安全评估技术等（薛长湖等，2016）（郭思亚等，2018）。目前，我国深蓝渔业产品加工产业的发展尚处于初级阶段，产品加工技术水平相对滞后，产品加工企业规模较少，技术创新能力不足。在深蓝渔业产业发展的过程中，产品加工企业应不断研发和引进新技术、不断增强和壮大企业实力，发挥以加工带动养殖、以加工引导消费的功能。因此，产品加工企业应以市场需求为中心、面向上下游产业链全面开展营销活动。

（3）批发商。批发商是连接养殖企业、加工企业和零售商的重要环节，在传统的深蓝渔业产品营销过程中，批发商是实现产品流通和分销的主渠道。批发商在产品流通中发挥着集散产品、价格形成、信息发布的功能，同时对产品养殖加工的规模化、组织化和标准化起到促进作用。首先，批发商的经营活动应实现规模化。通过兼并、联合、股份制等方式壮大自身实力，实现规模经营，提高组织化程度，形成批发经营的自主品牌，与养殖企业、加工企业建立长期稳定的产品交易关系，与零售商形成战略联盟、控制渠道终端。其次，充分发挥批发商的冷链物流功能。采用现代冷链物流技术装备，将传统的批发市场转换为冷链物流配送中心，建立综合化和一体化的物流服务体系，形成集批发交易、冷藏、运输、配送为一体的供应链管理系统（周海霞，2016）。通过供应链管理系统，将产品生产企业与零售商和顾客紧密地联系在一起，形成"共同配送中心"的物流新模式（陈蓝荪，2006）。再次，建立与冷链物流供应链相结合的信息技术支撑系统。批发市场的冷链物流配送中心,其订货、发货、进出库、分拣、分类、运输、配送等需要采用现代信息技术进行处理、控制和指挥,以保证供应商、分销商和销售商的信息畅通和协同一致,最大限度地减少库存,最快捷、最高效地推动物流配送,以实现供应链的价值最大化(李学工等,2010)。

(4)零售商。深蓝渔业产品的零售商包括集贸市场、超市、专卖店、酒店等,其中以超市和专卖店为主。零售商直接将产品销售给消费者,直接为终端消费者提供服务,是深蓝渔业产品分销渠道的最终环节,从产业链和产品价值链的构造来看,零售商是深蓝渔业产品最重要的营销主体。零售商通过销售产品,为消费者提供和传递关于产品的全部信息,同时向消费者推出产品生产和加工企业的品牌、形象和企业文化;零售商通过销售产品,与消费者建立起互动的关系,在销售产品、满足顾客需求的同时,及时地、不断地深入了解和掌握顾客需求变化的信息,通过将顾客需求信息反馈于产品加工企业和养殖企业,以达到及时调节产品品质和产品结构的目标;零售商通过产品销售、信息搜集和信息反馈,调节着产品生产与产品消费的双边关系,使产品生产不断地满足日益多样化的消费需求。

(5)网络运营商。网络运营商如淘宝、京东商城、进口鲜、天猫1号店、顺丰优先、美味七七、本来生活等生鲜电商企业是深蓝渔业产品的新型营销主体。网络运营商打破了传统的批发零售模式,通过建立网络营销平台,采取O2O等多种营销方式,将线上信息发布、线上交易与线下体验、线下配送有机加以结合,从而实现了生产企业与消费者的直接对接。网络运营商减少了深蓝渔业产品流通过程的中间环节,压缩了营销渠道的层次,大大降低了产品营销渠道成本,以物美价廉的产品、高效快捷的服务赢得了日益增长的消费者群体。

二、深蓝渔业产品营销组织体系

从深蓝渔业产品的养殖生产到产品满足消费者需求,是一个产业链和产品价值链的构造过程,处在产业链和产品价值链构造各环节中的养殖生产企业、产品加工企业、批发商、零售商、网络运营商等,围绕着产品价值的形成、增值和产品价值的实现,以满足消费者需求为最终目标,从产业链和产品供应链的不同环节、不同地位出发,共同开展营销活动、发挥营销功能,从而构成了一个完整的营销组织体系。

在一般意义上,深蓝渔业产品的营销组织体系表现为"养殖企业—加工企业—批发商—零售商—消费者"的营销组织模式,养殖企业将鲜活成鱼产品销售给加工企业,加工企业按照中间商提供的市场需求信息进行产品加工后,将制成品批量销售给批发商,批发商按照不同的分销渠道将产品批量分销给零售商,零售商直接面向市场需求开展营销活动、满足顾客需求、实现产品价值。长期以来,我国水产品市场对以鲑鳟鱼为代表的深蓝渔业产品的需求主要依赖于进口,在进口贸易商的主导下,深蓝渔业产品的营销组织体系表现为"国外养殖生产企业—进口贸易加工企业—批发商—零售商—消费者"或者"国外养殖生产企业—国外加工企业—进口贸易企业—批发商—零售商—消费者"的营销组织模式。在一般情况下,进口贸易商兼有产品加工的职能,通过产品加工既能极大地提高产品附加值,又能更好地适应和满足市场需求;在个别情况下,进口贸易商只是扮演着国际贩卖商的角色,将国外的加工制成品通过国际贸易贩运到国内市场。随着我国深蓝渔业产业的快速发展,国内消费市场从依赖进口转到面向自主生产,以进口贸易商为主导的营销组织模式不再成为主流。我国大型海洋渔业企业自主生产的深蓝渔业产品,其营销组织体系逐渐摆脱了传统的从生产加工到批发零售的营销组织模式,养殖生产企业依靠强大的经济与技术实力,首先实现了养殖生产与产品加工的一体化运营,同时建立自己的配送中心和专卖店网络,在集团公司的框架内分别设立养殖、加工、配送、专卖等子公司,构建起"养殖公司—加工企业—配送中心—专卖店网络—消费者"的一体化营销组织模式。同时,在水产品市场的宏观层面上,随着网络运营商的崛起,来自国内外不同供应商的深蓝渔业产品也大量介入电子商务领域,形成了以网络运营商为主导的营销组织模式,这种组织模式表现为"生产加工企业—网络运营商—消费者"。传统的从生产加工或者进口贸易到批发零售的营销组织模式,以及以网络运营商为主导的营销组织模式,均属于市场交易型、契约型的营销组织体系,而以大型海洋渔业企业为主导的养殖、加工、配送、专卖一体化的营销组织模式则多属于产权关联型的营销组织体系。

深蓝渔业产品营销组织体系以深蓝渔业产业链的构造为载体,不同的营销组织体系代表着不同的产业链构造模式,在产业链构造的不同模式中,各个营销主体协同一致、共担风险、共享利益,共同塑造深蓝渔业产业的竞争优势(权锡鉴等,2013)。处在产业链各个环节的营销主体是一种相互影响、相互关联、相互依存的关系,通过产业链的协同分工与合作,以及大量的物质、信息、资金的交换活动，共同推动并实现产品价值的增值（赵蕾等，2017），并最终达到增进顾客满意度的营销目标。

第二节　深蓝渔业产品营销模式的演进

一、进口贸易商主导的批发零售营销模式

长期以来，我国深蓝渔业产业的发展滞后于世界先进水平，产业规模小、组织化程度低、产量增长缓慢，鲑鳟鱼的养殖大多是在陆上水库和湖泊开展的，深远海养殖的发展步伐严重迟缓，在此背景下，国内消费市场的需求主要依靠产品进口来满足。因此，在我国深蓝渔业产品的营销模式，最初表现为以进口贸易商为主导的批发零售营销模式。这种营销模式的运营机理是：从事水产品进口贸易的公司，根据国内市场需求信息和国际贸易政策，以国际市场价格从国外批量进口深蓝渔业产品，进口产品通过检验后，或者直接批量销售或者经过加工后再批量销售给下游批发商，批发商根据不同地域、不同消费市场的特点，按照一定的分销渠道模式将产品定期、定量批发分销给零售商，不同类型的零售商直接面向终端顾客需求，以不同的营销手段完成产品销售，满足顾客需求，实现产品价值。

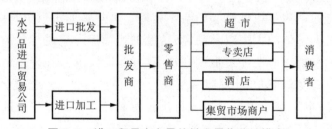

图 5-1　进口贸易商主导的批发零售营销模式

深蓝渔业产品进口贸易的典型代表是三文鱼。目前全球三文鱼年均产量大约 230 万吨，我国每年进口大约 12 万吨冰鲜和冷冻三文鱼，进口国主要集中在挪威、苏格兰、日本、俄罗斯、智利、加拿大等国。三文鱼进口的消费市场主要集中在经济发展水平较高、具有海产品消费传统的沿海地区和沿海主要城市，内陆城市对于三文鱼的消费也在逐步增长。在过去的十几年间，国内三文鱼消费市场一直处于高速增长期，年均增长率保持在 16% 左右。其中，

大规格(大于 2 千克/尾)三文鱼产品的市场需求量呈逐年上升趋势,国内市场大规格三文鱼的零售价格稳定在 60～80 元/千克,对三文鱼进口贸易起到了极大的拉动作用(张振东等,2017)。

三文鱼进口贸易商主要有两种类型:一是综合性的水产品国际贸易公司,这类贸易公司从事多品类、多品种的水产品进出口贸易,三文鱼进口贸易只是其中的部分经营业务,在多种进出口贸易业务的综合运营中,三文鱼进口贸易的分摊成本和经营风险能够相对降低;二是专业化的冷水鱼国际贸易公司,这类贸易公司以三文鱼进出口贸易为主,同时经营其他深远海产品贸易,其业务运营大多嵌入全球水产品产业链的构造体系中,经营模式集贸易与加工一体化,加工产品以满足国内市场需求为主,同时通过出口贸易销往国外。上述两类国际贸易公司经营的三文鱼产品,包括冰鲜产品和冷冻产品两种类型,这两种类型的产品又分为两种情形:一是直接从国外进口的制成品,以冷冻产品为主;二是通过国际贸易进口原料,原料在国内加工后变成为最终产品,以冰鲜产品为主。在激烈的市场竞争环境下,三文鱼进口贸易商通过贴牌的方式或者通过产品加工的方式,致力于打造和确立自主品牌,以自主品牌、贸易成本、加工技术和产品品质等优势开展对下游中间商的营销活动。

批发商是三文鱼营销渠道的分销环节,其基本功能是实现产品的批量分销和及时供应。小规模的进口贸易商一般同时扮演着批发商的角色,产品进口后按既有的销售渠道批量分销给零售商。大规模的进口贸易商特别是集贸易与加工为一体的大型贸易商,在传统的产品流通渠道与营销模式上,其大宗产品的分销一般要经过批发商这个中间环节,并且在许多情况下,根据目标市场的广度和深度,批发环节又分为不同的层次。在缺乏现代信息技术支持的时期,批发商不仅是连接上游进口贸易商与下游零售商的重要纽带,而且也发挥着稳定渠道、稳定市场、稳定价格的功能。三文鱼产品由于其特殊的品质和消费特点,决定了其目标市场、市场规模和顾客群体的相对稳定,同时也在一定程度上支持着产品营销渠道的相对稳定。在传统的三文鱼营销模式中,批发商较为充分地掌握了进口贸易商和零售商的信息,产品流通渠道各环节之间的供求信息是基本对称的,在此情况下,批发商按照相对稳定的价格及时向进口贸易商提供产品供应信息,同时按照传统的批发输送方式将产品分销给零售商。

三文鱼产品的零售商包括超市、专卖店、酒店、集贸市场商户等。零售商将产品品牌、产品品质与自身的服务集成在一起,将批发的产品转换成为满足顾客需求的最终产品。零售商营销行为的核心是传播产品品牌与产品质量的信息,保证产品零售品质,为顾客提供满意的服务;零售商的营销目标是通过分析和研究顾客群体的消费特点、消费习惯、消费需求趋势等,实现产品供应与市场需求的对接,在实现产品价值的同时提高顾客满意度。

二、生产加工商主导的专卖网络营销模式

随着世界范围内海洋渔业产业的转型升级和我国海洋渔业经济发展的战略转变,一方面越来越多的水产品国际贸易公司,适应全球海洋渔业产业链的布局和发展要求,摆脱了传统的单纯贸易型的经营业态,从贸易型走向贸易与生产加工一体化,在拓展生产加工产业的过程中构造自己的产业链,并融入全球水产品产业链的循环中;另一方面,在我国海洋渔业产业由近海走向深远海的发展过程中,一大批深蓝渔业企业迅速崛起,这些从事深蓝渔业产品养殖的大型渔业企业,依靠自身的经营规模和经济实力,摆脱了传统的单纯养殖型的经营业态,由养殖型走向养殖生产与加工一体化,产业集中度与产业竞争力迅速提升。在海洋渔业产业战略转型过程中涌现出来的大型贸易加工一体化和养殖加工一体化的企业,具备了构建全产业链的经济实力,同时也具备了控制渠道、控制市场的能力。在此情况下,出于降低渠道成本、塑造产品品牌、控制市场和价格的考虑,大型养殖加工、贸易加工企业,在产品营销渠道的构造上摆脱了传统的批发零售模式,构建起自己控制的生产(贸易)、加工、配送、专卖一体化的直销模式,即由生产(贸易)加工商主导的专卖网络营销模式。这种营销模式的运营机理是:大型养殖加工、贸易加工企业根据自己的经营规模对目标市场进行规划和布局,根据目标市场定位在不同区域和城市建立网络状的自营专卖店,同时建立自己的产品物流配送中心,由配送中心对专卖店网络实现快捷、精准的产品配送,专卖店网络面向顾客实现联动直销,由此形成由生产(贸易)加工商调控、信息化管理、网络化运营的生产(贸易)、加工、配送、销售一体化的供应链体系和营销模式。

由三文鱼等深蓝渔业产品的特性与消费特点所决定,养殖产品一般要经过加工环节才能变成为最终消费产品,因此养殖生产(贸易)与加工一体化运营就具有了产业化发展的内在逻辑。深蓝渔业产品养殖加工企业的一般运营模式是:在深远海开展鲑鳟鱼等深蓝渔业产品的规模化绿色养殖,成鱼养

殖产品捕捞后在海上进行保鲜处理,然后通过海上运输工具将保鲜产品运送到陆上加工厂,加工厂按照市场需求对产品进行加工后,将加工产品批量转交给冷链物流配送中心,冷链物流配送中心按照专卖店提供的供应信息适时进行产品配送。

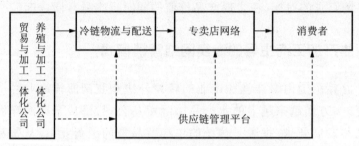

图 5-2　生产加工商主导的专卖网络营销模式

　　网络化专卖店的布局与运营是生产(贸易)加工商主导的深蓝渔业产品直销模式的核心。专卖店一般设置在城市商业区、大型超市和购物中心内,营业面积根据市场需求量而定,一般采取定价销售和开架面售的方式,销售人员需要具备专业化的服务知识与技能。深蓝渔业产品专卖直销模式的优势是:第一,由于多数产品属于冰鲜产品,专卖直销有利于保证产品的新鲜度和质量;第二,专卖店是企业形象和产品品牌的窗口,通过专卖店这个窗口能够极大地展示、传播和提升企业与产品品牌;第三,专卖销售能够极大地提升产品的终端营销能力,专卖店全面展示企业形象、产品品牌和产品信息,有利于巩固顾客群体并提升顾客对产品的忠诚度;第四,专卖店网络有利于保持产品生产与经营的持续性与稳定性,专卖销售能够及时、准确、全面地了解和掌握顾客与市场需求信息,专卖店将市场需求信息及时地反馈于生产加工与物流配送系统,能够保证产品供应链的持续稳定性。专卖店网络是一个整体化运营系统,生产(贸易)加工商对专卖店网络的控制一般采取统一的管理模式、管理流程与经营规范,同时建立统一的信息共享平台,从而将专卖网络整合为一个统一的窗口,共同面向市场和消费者。专卖店网络应该为消费者提供产品来源信息和产品质量可追溯信息(李苏文,2016)。

　　冷链物流配送中心是生产(贸易)加工商主导的深蓝渔业产品直销模式的支撑系统。物流配送中心建立统一的信息管理与指挥系统,按照专卖店网络提供的产品供应信息适时进行产品配送。物流配送的一般流程是:冷藏一分拣—配装—配送运输—送达服务。物流配送过程是一个信息化网络控制系统，以定时定量定点配送为目标，实现配送反应快捷化、配送功能集成化、配送流程规范化、配送目标系统化、配送组织网络化。

三、网络运营商主导的电子商务营销模式

　　传统的由进口贸易商主导的批发零售营销模式，以其流通渠道链条长、渠道成本高、渠道稳定性差、顾客忠诚度低等缺陷而丧失了营销优势；由生产加工商主导的专卖网络营销模式，则存在着专卖店网络建设成本、运营成本过高的问题。随着电子商务运营模式在水产行业中的应用，以及水产品冷链物流配送技术与设施的发展和完善，包括深蓝渔业产品在内的水产品电子商务营销模式迅速兴起。自 2012 年以来，一批网络运营商巨头如淘宝、京东、天猫 1 号店等纷纷开启生鲜水产品营销渠道，为水产品企业的发展带来了巨大机遇，形成了电商平台成熟的运营技术、完善的销售模式和稳定的消费群体。同时，一系列专业性水产品网站如中国水产网、中国渔业网、中国水产贸易网、中国渔市网、未来生活网等，也纷纷构建交易平台，赢得了行业人群的高度关注，吸引了众多的会员企业，拥有了丰富的水产品顾客信息资源。目前，水产品电子商务交易技术逐步走向成熟，形成了 B2B、B2C、C2C、O2O 等多种水产品电子商务营销模式（富芳等，2016）。与其他一般性海产品相比，以三文鱼为代表的深蓝渔业产品以其保鲜性和快捷消费等特点，而更加适合于采用电子商务营销模式。因此，在水产品电商营销迅速发展的背景下，大量的深蓝渔业产品进入综合性和专业性的网络交易平台，从而形成了由网络运营商主导的电子商务营销模式。目前，从事深蓝渔业产品营销的网络运营商主要是电子商务平台企业，这类网络平台企业为深蓝渔业产品贸易和养殖加工企业、消费者提供第三方交易服务平台，促使产品供应商与消费者在网上进行沟通和交易，并在交易过程中提供一整套的"一站式"服务。深蓝渔业产品电子商务营销模式，消除了传统的中间商，压缩了流通渠道，降低了渠道成本，实现了产品买卖双方在网上的直接交易，极大地提高了产品流通效率。由网络运营商主导的深蓝渔业产品电子商务营销模式主要有两种：一是B2C 电子商务营销模式，二是 O2O 电子商务营销模式。

　　B2C 电子商务营销模式是"商对客"即企业针对消费者开展在线销售活动的网络营销模式，具体是指商家通过网上商店或在线销售的方式推销其产

品,顾客只须到网上商店浏览,按照自己的消费需求偏好购买产品即可完成网上交易活动。如中国渔市网的电子商城,在网上直接销售水产品,消费者可以在网上购买到自己满意的精品水产品。在 B2C 电子商务运营模式下,消费者可以足不出户地在一个网络超市中选购自己满意的产品,商家与消费者通过虚拟的网上商场构成产品供应链,不仅大大节省了渠道流通成本,而且也极大地节约了消费者的购买成本(管红波等,2009)。目前,以三文鱼为代表的深蓝渔业产品一般采用第三方交易平台即网络运营商主导的交易平台开展产品销售,产品营销模式是深蓝渔业产品养殖加工企业选择第三方交易平台并提供网上销售的产品,网络运营商通过网上商店直接面向消费者进行产品销售。这种营销模式由三部分构成:一是为顾客提供在线购买和服务的网络商店,二是为顾客购买产品提供配送的物流系统,三是为顾客身份确认与交易支付提供服务的认证系统和金融系统。由网络运营商主导的 B2C 电子商务营销模式主要体现如下功能:产品及其价格展示、产品类查找、购物车添加与查看、产品配送方式、结算与支付方式、客户关系管理等。

O2O 电子商务营销模式是线上与线下相结合,将线上的电子商务平台与线下的实体店有机融合的配套营销模式,消费者在网上获取产品信息并进行选购和付款,拿到订单信息到线下实体店进行消费体验,从而完成交易过程。O2O 电子商务营销模式将线上与线下的商机与资源进行整合,有利于发挥线上消费指南、便利服务与线下现场体验、送货及时等综合优势,其缺点是消费者完成交易后,商家往往难以取得联系,消费者在网上看到的产品与实体店的体验存在差距等。目前,"进口鲜"是深蓝渔业产品 O2O 电子商务营销模式的专业性电商品牌,该网络运营商从传统单线向供应商和消费者双向拓展,将线上与线下的信息和资源整合在一起,形成一个闭环,让消费者与商家进行直接沟通,彼此了解对方的需求和信息,从而达成生产供应与消费需求的一致(杨德荣等,2016)。O2O 电子商务营销模式的基本流程是:① 线上平台为消费者提供产品的详细信息和优惠便利服务。② 线上搜索平台帮助消费者寻找和选择线下实体店,进行消费决策。③ 消费者运用线上获得的产品信息到线下实体店进行产品和服务体验,最终完成购买交易行为。④ 消费者将自己的消费体验反馈到线上平台,进行消费信息分享,从而可以吸引更多的消费者参与在线平台。⑤ 线上平台为消费者与商家建立沟通渠道,以维持商家与消费者长期稳定的供求关系。

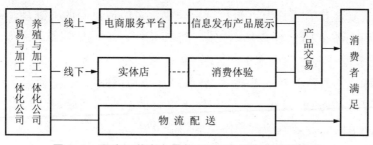

图 5-3 网络运营商主导的 O2O 电子商务营销模式

第三节 深蓝渔业产品营销模式的创新趋势

一、基于互联网的渠道协同复合营销

从水产品营销发展的一般趋势来考察,深蓝渔业产品营销模式的创新,必须依托于互联网信息技术。一方面,互联网信息技术是全面展示产品信息,实现供求信息沟通、供求信息互动、产品供应与消费需求对接的现代工具与手段;另一方面,互联网信息技术是协调渠道管理、推动产品供应链高效运行、实现产品快捷配送以满足消费需求的现代工具与手段。从深蓝渔业产品的宏观市场走向和深蓝渔业产品的一般性贸易企业、养殖加工企业的营销模式选择来分析,深蓝渔业产品营销模式的一般创新趋势是:以互联网信息技术为支撑,以电子商务网络平台为引领,构建电商网络、专卖店、大型超市、大卖场、餐饮酒店等复合渠道,通过网络信息技术管理系统实现渠道协同、高效配送、网络与实体店全覆盖、产品供应与市场需求无缝对接。在这种基本的营销模式创新趋势中,互联网信息技术与管理系统是核心,运用互联网信息技术首先构建电子商务推广与营销平台,通过电商网络平台塑造产品品牌、推广产品品牌、全面展示产品信息、实现商家与顾客之间的信息交流与沟通、开展产品交易活动,与此同时,在电商网络平台的引领下,根据细分的目标市场,建立专卖店、大型超市、大卖场、餐饮酒店等多重复合营销渠道,复合营销渠道针对不同的顾客群体,主要扮演终端零售的角色,同时也可以与线上网络平台相呼应,发挥线下消费体验的功能。在多渠道复合营销创新过程中,网络信息技术协调着电商平台与多渠道实体店的密切配合,管理和控制着产品供应链的高效运营和快捷配送,调节着多种营销渠道的协同运作,最终实现多渠道复合营销的行为协调和目标一致。多渠道协同的关键是，不同的营销渠道面向不同的目标市场，在统一管理系统、统一品牌、统一行为规范之下，既充分发挥各自的渠道优势，又在总体市场格局中实现优势互补、目标一致。渠道协同复合营销的走势是，整合产业链和供应链，构建复合大终端，推进细分渠道的协调，以线上渠道与线下渠道的融合为纽带，建立起覆盖线上线下全渠道的无缝连接的营销网络和市场网络。

二、基于互联网的渠道精细个性化营销

深蓝渔业产品的市场需求分析显示，随着社会居民收入水平与生活水平的不断提高，人们对深蓝渔业产品的消费倾向正在不断增大、市场需求总量呈现出日益增长的趋势，与此同时，消费者尤其是新生代消费者，对以三文鱼为代表的深蓝渔业产品的需求与消费也日益表现出个性化的倾向与特点。消费者对深蓝渔业产品的个性化需求与消费，主要表现为个性化产品需求和个性化消费方式两个方面。个性化产品需求包括对产品品种、产品规格、产品包装等方面的个性化要求，其中对产品新鲜度、产品规格设计、产品包装特殊性的要求成为主要的个性化需求趋势；产品的个性化消费方式主要表现为即时需求、即时消费的个性化倾向，即越来越多的消费者特别是新生代消费者，对深蓝渔业产品的消费日益表现出即时购买、即时消费的个性化特点。从深蓝渔业产品消费市场的动态变化态势来分析，产品需求与消费的个性化主要不是表现为消费者个体性的需求与消费，而是表现为消费者个体的即时需求与即时消费方面。基于深蓝渔业产品的个性化需求与消费倾向，产品营销渠道的精细化、产品营销服务的个性化就成为深蓝渔业产品营销模式创新的必然趋势，互联网信息技术为这种营销模式创新趋势提供了充分的条件。渠道精细化营销是利用数据库技术、网络信息技术、物流配送技术等建立商家与顾客之间的个性化沟通与服务体系，以达到精准定位、精准营销的目标。通过精细化营销，能够保持商家与顾客之间的密切互动关系，从而不断满足顾客的个性化需求，提升顾客满意度，形成稳定的忠诚顾客群体。渠道精细化的个性化营销，其前提是通过对目标市场的极度细分，进行可量化的精准市场定位，在操作上是通过对消费者的消费行为进行精准分析，建立相应的数据体系，通过数据分析进行顾客优选，通过市场测试验证顾客定位是否准确。与精准顾客定位与沟通相适应，商家针对不同消费者的需求与消费偏

好,设计和提供个性化的产品和服务,以满足消费者的个性化需求。个性化产品和服务与个性化需求一旦达成并建立起长期稳定的互动供求关系,便形成了以消费者个性化需求为导向的渠道精细化营销服务体系。渠道精细化、个性化营销服务体系,由供应链管理、流程控制、呼叫中心、电子商务等多种手段构成,其核心是面向顾客、服务顾客、一切以顾客为中心的 CRM 运营管理系统,其中包括客户数据管理、电子商务、多媒体技术、人工智能呼叫中心等。CRM 运营管理系统能够实现商家与顾客的"一对一"沟通,能够对顾客信息、顾客订单、供应链流程、产品配送与服务进行自动化的系统管理。渠道精细化、个性化营销,有利于巩固和强化客户关系,有利于提升顾客满意度和忠诚度,有利于增进产品价值和顾客价值。

| 第六章 |

构建基于智能供应链的深蓝渔业产品 3Is 营销模式

第一节 深蓝渔业产品 3Is 营销模式与智能供应链

一、深蓝渔业产品 3Is 营销模式的内涵

以三文鱼为代表的深蓝渔业产品有其独特的营养价值、独特的消费方式,同时也具有较高的产品价格约束,因此该产品并不构成一般消费者的日常消费品,一般消费者对于深蓝渔业产品的消费多具有节庆日需求与消费的特点,收入水平较高的社会阶层对于该产品的需求与消费也具有间隔性需求、间歇性消费的特性,新生代消费者、尤其是处于中产阶层的新生代消费者对于该产品的需求与消费则十分突出地具有即兴式需求、即时性消费的自我个性。作为深蓝渔业产品典型代表的三文鱼,其最适宜和有利于保存与摄入其营养成分的消费方式——食用生鱼片的消费方式,在极大程度上规避了消费者批量采购、批量冷藏、按时消费的需求倾向,而从产品特性及其消费方式上倡导即时需求、少量购买、即时消费的需求与消费模式。总之,由三文鱼等深蓝渔业产品的需求特性与消费方式所决定,该产品的需求与消费特点是即时需求、即时购买、即时消费。消费者的即时需求与消费得以实现与满足的支撑系统,是构建深蓝渔业产品的智能供应链。智能供应链是在物联网技术基础上,运用大数据、云计算以及现代供应链管理技术,将智能电商、智能配送、智能结算有机融合,在供应链上下游之间和运营组织内部实现供

应链管理流程的智能化。智能供应链使得供应商与消费者之间的信息更加对称，物流配送过程及其信息可追溯，交易支付更便捷，有效减弱了供应链管理中的"需求放大效应"，从而能够极大地提升供应链运营效率。基于智能供应链的深蓝渔业产品营销，依托智能化呼叫中心服务平台和智能化物流配送系统，供应商可以实现对消费者即时需求的即时响应、即时满足。据此，在互联网信息技术和智能技术迅猛发展的时代背景下，基于深蓝渔业产品的需求与消费特性，在智能供应链系统的支持下，可以构建深蓝渔业产品市场营销的创新模式——"即时需求—即时响应—即时满足"的营销模式。取"即时需求（Immediate demand）""即时响应（Immediate response）""即时满足（Immediate gratification）"三者的英文首位字母，将该营销模式简称为 3Is 营销模式。

（1）即时需求。

社会居民特别是城市居民对于深蓝渔业产品的消费需求在很大程度上带有个性化需求的特点，而个性化需求不直接等同于消费者的个体化需求，受消费习惯、消费时尚、消费文化和产品消费方式等多种因素的影响，消费者对于深蓝渔业产品的个性化需求主要表现为非常规的碎片化的即时需求，即受某种特有的心理结构、情绪背景、文化时尚、生理组织等因素的激发而产生的随时性消费需求。新生代消费者的即时性消费需求倾向表现得尤为突出。即时需求的特点是，消费需求是即兴式、随机性产生的，消费需求渴望得到即时响应和即时满足。移动商务、移动终端的普及和现代网络信息技术的发展，为消费者的即时需求获得满足提供了有力的支撑条件。

（2）即时响应。

在现代网络信息技术的支持下，以电子商务和智能呼叫中心为支撑，消费者对于深蓝渔业产品的即时需求，能够得到智能供应链服务系统的即时响应。消费者的即时性需求信息可以通过移动终端快捷地在智能服务系统得以上传，并得到智能服务平台的识别与确认，智能指挥系统将消费者的需求信息即刻发送到智能供应链的配送系统，以实现对消费者即时需求的快捷服务。由于消费需求、需求信息传递、供应链配送的同步化，供应商能够对消费者的即时需求做出动态即时响应。

（3）即时满足。

互联网信息技术的重要特征是实现信息交流的即时互动性和同步化，在智能供应链的支持下，深蓝渔业产品供应商针对消费者的即时需求，在做出即时响应的同时,能够实现对消费者个性化需求的即时满足。即时满足消费者即时性个性化需求的条件是:通过智能化的信息服务和采集平台,即时发现和识别消费者的个性化需求信息;通过智能化、同步化的信息传递与互动,实现消费者需求的多样化、个性化产品的优化组合;通过数据驱动的智能化价值链运营体系,让每个环节适时同步地响应消费者的即时性个性化需求;通过智能化的物流配送体系,将个性化的产品快捷满足于消费者的即时需求;通过智能化的客服平台,动态持续地服务于消费者的即时性个性化需求。

深蓝渔业产品 3Is 营销模式,是一种以消费者即时需求为驱动,以智能供应链为支撑,实现顾客即时需求、需求信息即时响应、供应链即时配送、顾客需求即时满足的同步交互、一体化运营的营销模式。实时发现、采集、识别和确认顾客的即时性需求信息,并实现同步化的即时响应与即时配送,以提升顾客即时性的个性化需求满意度,是这种营销模式的核心。

二、深蓝渔业产品智能供应链

深蓝渔业产品 3Is 营销模式是通过智能供应链来实现的。深蓝渔业产品的特性、产品需求与消费方式的特点,对智能供应链运营过程有着特殊的要求。作为深蓝渔业产品营销渠道系统的智能供应链,其构造与运营既要体现智能供应链的一般原理、一般要求和一般特征,同时又要结合深蓝渔业产品及其需求与消费特点,由此构造的智能供应链能够有效贯彻 3Is 营销模式。

智能供应链是有机融合物联网技术与现代供应链管理理论、方法和技术,在供应商与顾客之间构建的实现供应链网络化、自动化的技术与管理流程综合集成的智能系统。智能供应链是一种高度灵活、个性化、自调节的产品与服务供应体系,它具有信息化、数字化、网络化、智能化、集成化、柔性化、敏捷化、可视化、自动化等技术与管理特征。智能供应链推动厂商、供应商的营销关注点从传统的"以产品为中心"转变成为"以消费者为中心",通过对供应链系统的整体规划与管理,实现整个供应链内部各个环节的协同与整合,以保证销售终端领域的精准营销和增值服务。智能供应链区别于传统供应链的特点是,智能供应链以智能化信息网络为整个供应链内部信息传输的"神经中枢",将互联网、物联网、人工智能等现代信息技术渗透于供应链运营过程。智能供应链将内部成员作为供应链网络的节点,通过每个成员来完成信息的采集、交换、传输、处理等工作,每个成员都可以通过自身系统与智能供应链内部的智能化信息系统进行互联,以实现供应链内部的信息共享。智能供应链内部信息的高度共享使得整个供应链响应更快、效率更高、成本更低。其结构模型如图 6-1 所示。

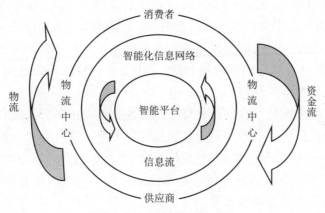

图 6-1　智能供应链结构模型

　　智能供应链的运营过程,强调端到端的供应链整合,随着供应链结构中产品生产、冷藏、物流配送等要素的进一步智能化,各要素协同运营的供应链以顾客需求为驱动,将终端顾客需求信息贯穿于供应链运营全过程,通过顾客需求与供应商的信息交流与互动协同,实现产品与服务的顾客需求满足;智能供应链的运营过程,注重以顾客需求为价值导向,注重供应链管理的增值要求,强调供应链的精益生产、精益物流、精益配送等;智能供应链的运营过程,要求物流配送与信息流的协同互动,供应链规划形成的信息流与供应链运营形成的物流共同构成智能供应链的价值链,通过供应链全方位的互联、感知、执行与控制,实现信息流与物流的集成、协同与优化,最终形成智能供应链的业务生态系统。

　　在互联网信息技术时代,借助于大数据、云计算、物联网、无人机、人工智能、3D 打印、VR/AR、区块链等现代信息与智能技术,智能供应链的运营过程能够实现可视化、可感知化、可调节化,这三者的有机结合体现了供应链运营的智能化。深蓝渔业产品从养殖、加工、包装到冷藏、出库、物流配送再到交易结算的全过程实现可视化,可视化不仅指物流过程,还包括信息流、资金流的可视化。建立在可视化基础之上的可感知化,是贯穿于智能供应链运营过程的神经网络预警系统,当供应链体系出现问题时,感知系统能够及时地为下一步的行动发出信号和预警,"可感知"意味着一系列由事件引发的智能管理流程,即当某一事件发生时,引发了下一步的动作,以及一系列后续地相应动作,从而形成了动态调整与协同的排除问题、解决问题的能力。"可感知"需要"可调节"的支持,感知到的事件和问题通过"可调节"来解决。供应链的可调节化,主要表现为供应链管理的柔性化,即当顾客需求、市场环境、供应链流程发生变化和出现问题时,能够敏捷地做出反应和调整,通过动态调整保证智能供应链的有序运行。供应链系统从可视化到可感知化、再到可调节化,是层层递进的智能化升级,基于组织协同的动态自调节机制是智能供应链运营的本质与核心。

将智能供应链的一般原理贯彻于深蓝渔业产品的供应链运营过程,形成深蓝渔业产品智能供应链。该智能供应链区别于一般智能供应链的特点是,它具有针对顾客即时需求的即时响应机制、针对顾客即时满足的即时配送机制以及基于顾客即时消费的供应链绿色安全保障机制。深蓝渔业产品智能供应链的构造与运营包括如下环节。

(1)顾客即时需求信息的智能处理。

顾客对于深蓝渔业产品的即时需求信息通过移动终端上传于供应商的智能服务平台,智能服务平台运用大数据、云计算等技术对顾客需求信息进行实时识别、分析、确认与处理,经过信息处理实时将顾客需求转化为数据化订单。智能服务平台客户端功能模块包括客户注册、信息发布、产品订购、在线支付、交易管理、物流配送查询、信息检索等。其中,以大数据、云计算技术为支撑的顾客需求信息的智能化处理是智能服务平台的核心功能,它构成以顾客即时需求为驱动的智能供应链的起始环节。

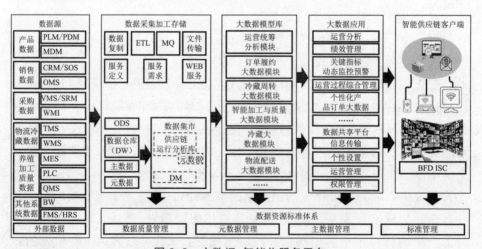

图 6-2 大数据、智能化服务平台

（2）顾客数据化订单的智能发排与调度。

供应商的智能服务平台在将顾客需求通过信息处理转化为数据化订单之后，以物联网、条码、RFID、无线传感等技术为支撑，即时将数据化订单信息分解、发排于产品加工、产品包装、产品分拣、移动冷藏、移动配送、顾客终端等环节，通过智能调度与指挥系统，形成供应链体系各个环节之间的实时信息流转和信息互动，从而实现高效智能的快捷响应机制。顾客订单的数据化，数据的发排、推送与流转，实现了供应链体系中各个节点之间的数据信息互联互通和协同运营，以数据化为基础的智能化，形成了数据驱动、即时响应的智能供应链流程。

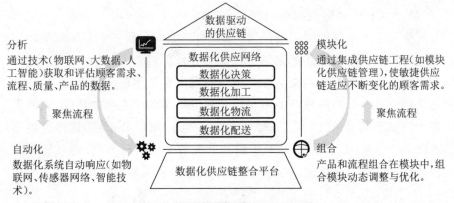

图 6-3　数据驱动的供应链流程

（3）即时快捷的物流配送与交易。

供应商物流配送管理系统通过建立配送控制中心，进行产品物流配送管理，通过采用精准的产品定位技术和敏捷的配送信息处理技术，驱动物流配送流程，实现物流与信息流的有机结合、即时快捷的物流配送，使顾客的即时需求得到即时满足。物联网综合运用无线射频技术、智能定位技术、智能传感技术将产品与产品、人与产品、人与人之间进行互联，以实现智能化的产品识别、实时定位、实时物流管理。物联网的信息感知层对产品信息进行自动采集，通过 RFID 标签、智能传感器等获取产品信息；物联网的网络传输层将产品信息传送到服务器，然后通过信息分析处理进行物流跟踪、物流控制和配送路线优化。通过顾客个性化需求信息数据库、历史交易信息数据库、产品数据库、组合模块数据库的整合，实现与快捷配送相伴随的智能化交易。

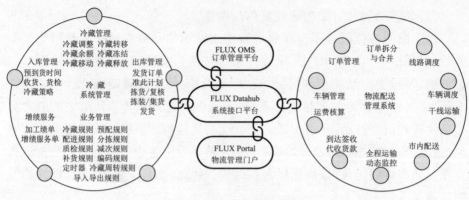

图 6-4　智能化物流配送

（4）全流程的实时监控与追踪。

深蓝渔业产品的即时消费，要求建立可靠的食品质量安全保障机制。智能供应链通过采用无线传感器网络技术和无线射频技术，能够实现智能供应链全流程的实时监控与追踪。在无线传感器网络技术的支持下，可以实时感知处于供应链流程中冷鲜产品本身以及所处环境的信息参数指标，供应链上的每个产品都贴有 RFID 标签，写入了产品信息，通过 RFID 阅读器可以非接触地读取产品信息，产品信息上传到智能服务平台的服务器，通过智能服务平台数据中心的信息处理，实现产品供应链全流程的实时跟踪管理。

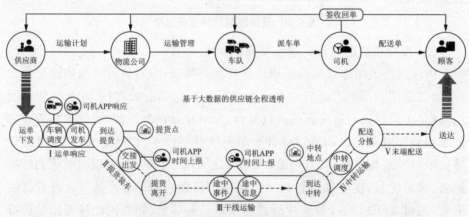

图 6-5　供应链全流程的透明可视化

三、深蓝渔业产品智能供应链模式选择

深蓝渔业产品从养殖、加工到物流配送的智能供应链，根据供应链节点

企业的不同组织形式可以有不同的供应链构造模式选择。不同的供应链构造模式影响到供应链的运营成本和运营效率。根据理论与实践的总结,深蓝渔业产品智能供应链的构造主要有三种模式:一是市场交易型的供应链模式,该模式的特点是产品养殖公司、贸易公司、加工公司、物流公司、超级零售商、配送公司等通过市场交易关系进行连接,供应链的构造本质是上下游的产品交易。这种供应链模式造成了供应商的分别独立性,使供应链的运营缺乏协同效应,同时也割裂了智能技术的综合运用,从而降低了供应链的运营效率。二是纵向一体化的供应链模式,该模式的特点是大型深蓝渔业养殖与加工企业,依靠自身的资本实力,以现代信息技术、智能技术为支撑,通过自建或控股的方式,建立自己控制的物流配送系统,形成以产权关系为纽带的纵向一体化供应链体系。这种供应链模式有利于对顾客需求做出快速响应,但在现代产业分工日益精细化的背景下,纵向一体化供应链的缺陷也十分突出,主要表现为拉长了养殖加工企业的业务链条,分散了资源配置,加大了业务运营成本和风险,不利于自身核心专长的发挥。三是基于战略联盟的一体化供应链模式,该模式的特点是大型深蓝渔业养殖加工企业与物流配送供应商通过签订战略协议、结成战略联盟伙伴关系,形成物流、信息流、资金流一体化供应链运营体系。这种供应链模式有利于发挥并整合供应链上下游各个节点企业的核心资源、核心能力优势,以共同为顾客提供增值服务为目标,结成优势互补、风险共担、利益共享的战略联盟共同体。基于战略联盟的一体化智能供应链,其每个节点企业都由效率最高的合作伙伴构成,每个节点企业都能够实现最大化的价值增值,并对整个价值链增值提供最大贡献,从而达到供应链的协同共赢效应。一体化供应链的基础是基于信任与合作的共赢性战略联盟,一方的成功是以自身的核心优势服务于另一方的成功,整个供应链的成功是以供应链上的每一个成员企业的成功为基础的。在现代智能技术的支持下,基于战略联盟的共同利益,一体化供应链能够实现物流、信息流、资金流的畅通,使供应链上的节点企业之间的业务实现无缝连接,最大限度地降低运营成本、提高运营效率,从而使供应链具有对顾客即时需求的迅速响应能力。毫无疑问,从供应链运营成本、运营效率、市场响应能力等方面来评价,基于战略联盟的一体化智能供应链,是深蓝渔业产品 3Is 营销应该选择的最优供应链模式。

第二节 深蓝渔业产品 3Is 营销模式的构成要素

一、绿色安全的营销资源

深蓝渔业产品 3Is 营销模式,是基于深蓝渔业产业链、智能供应链而展开的。深蓝渔业产业链和智能供应链的构造,包括从产品养殖、产品加工、产品冷藏到物流配送、个性化增值服务等整个过程。基于智能供应链的深蓝渔业产品 3Is 营销模式,实现了产品订购、物流配送、产品跟踪、质量追溯、交易支付等整个流程的智能化运营,形成了顾客即时需求、供应链即时响应、顾客需求获得即时满足一体化运营的营销机制。深蓝渔业产品 3Is 营销模式包含了一系列构成要素与环节,在诸多构成要素中,绿色安全的营销资源是该营销模式的基础性营销要素。

绿色安全的营销资源包括绿色养殖环境、绿色养殖与加工技术、绿色养殖产品等。以三文鱼为代表的深蓝渔业产品的养殖环境处于深远海,即在距近岸海域 20 海里之外的海域,水深 20 米以下的海区、水温在 13 ℃以下,具备稳定的气象条件、水文条件、化学条件、水动力条件和生物条件,水质无污染,水流交换率高,水域环境保持自然状态。例如我国的"黄海冷水团",位于黄海中部洼地的深层和底层,覆盖海域面积 13 万平方千米,拥有 5000 亿立方米的水体,海域温跃层位于海面下 20～30 米,夏季底层水温在 5 ℃～10 ℃,其近底层水的溶解氧高于 5 mg/L,水质洁净优良,其水文条件和水质标准等非常适宜于三文鱼等冷水鱼类的养殖。深蓝渔业冷水鱼的养殖采用陆地淡水育苗、远海冷水团养殖的陆海相连模式。冷水鱼苗在陆地优良冷水环境孵化后,长到 200 克左右时,经过盐度驯化之后运送到远海冷水团,通过养殖工船和深水网箱进行养殖。绿色安全的养殖环境与养殖模式,从根本上保证了深蓝渔业产品的绿色品质。

除了养殖环境,绿色养殖产品还有赖于绿色养殖技术装备与绿色加工技术的支撑。贯穿于深蓝渔业产品养殖与加工过程的是一整套智能化、绿色安全的养殖技术与加工技术体系。在深蓝渔业养殖过程,技术体系的构成包括优质品种培育技术、营养饲料加工技术、锚泊与定位控制技术、自动投饵技术、养殖环境控制技术、水下视频监控技术、可移动捕捞技术、水下污染物清除技术等,养殖技术体系集成的主要载体是深水网箱、养殖工船、综合养殖平台等装备。由中船重工武船集团自主建造的我国第一个全潜式深海渔业养殖装备——"深蓝 1 号",能够应对极端天气,抗风浪能力极强,潜水深度可根据水温的变化在 4～50 米的范围进行自动调整,智能化水平很高,如图 6-6 所示。养殖技术与装备的自动化、智能化,保证了海水养殖环境的稳定性与高质量。深蓝渔业产品主要表现为加工制成品,产品品质高度依赖于加工技术。在养殖产品加工过程,技术体系的构成包括产品精加工技术、物料处理技术、绿色包装技术、产品保鲜技术、物流保障技术、污染物降解技术、食品安全检测技术等,这类技术体系保证了深蓝渔业产品加工的绿色安全性。

图 6-6 深蓝 1 号养殖设备

绿色安全的养殖环境与产品养殖加工技术,从源头上保证了产品的绿色高品质。与一般鱼类相比,鲑鳟鱼等深蓝渔业产品是高蛋白、低胆固醇的产品,含有一般鱼类所缺乏的甘氨酸,维生素 A、B,微量元素铁的含量也大大高于其他鱼类,营养成分极为丰富。由绿色养殖环境、绿色养殖技术、绿色加工技术等共同塑造的无污染、高品质的绿色深蓝渔业产品,激发了消费者的消费欲望和即时消费需求。以绿色产品为核心的绿色安全的营销资源,以及由此导致的市场需求与消费特点,是深蓝渔业产品 3Is 营销模式构造的基础。

二、模块化的个性化产品组合

现代市场需求越来越呈现出个性化的趋势,个性化需求要求多样化、个性化的产品与服务来满足。深蓝渔业产品的个性化市场需求与个性化消费的特点十分突出。消费者对于深蓝渔业产品的个性化需求,一方面表现为个性化的即时需求,即基于某种消费习惯、消费文化、消费情景等而产生的随时性、随机性的消费需求;另一方面表现为对于个性化产品的需求,即对产品品种、产品规格、产品部位、产品量度等的个性化需求。深蓝渔业产品按照产品品种可以分为冰鲜产品、冷冻产品、熏制产品、灌装产品等,按照产品的不同部位可以分为鱼头、中段刺身、鱼排、鱼尾等。不同的产品可以有不同的规格、不同的数量量度。由深蓝渔业产品的即时需求、即时消费特点所决定,消费者的个性化产品需求主要不是表现为个性化定制,而是表现为个性化订购,也就是说,产品的即时需求与消费是个性化定制无法满足的,个性化的即时需求只能表现为个性化订购。鉴于此,针对顾客即时性的个性化订购,供应商设计的是模块化的个性化产品组合策略,即根据多数消费者一般性、常规性的个性化产品需求,从产品品种、产品规格、产品部位、产品量度等不同维度对产品个性化需求进行归类,形成模块化的个性化产品组合体系。消费者的个性化需求是不断变化的,根据市场需求动态变化态势的分析与判断,以及顾客个性化需求信息的传递与反馈,供应商应该及时地对模块化的产品组合体系进行调整,建立个性化产品组合与顾客个性化需求的互动机制,以动态调整的多样化、个性化产品组合去不断满足顾客的个性化需求。在不断变化的个性化需求的驱动下,供应商的模块化个性化产品组合将不断地向精细化、纵深方向推进和演化,由此拉动产品供应链运营过程的个性化服务产品的出现和发展。

深蓝渔业产品组合策略,是由产品养殖企业、产品加工企业和产品运营商共同设计、协同实施的。模块化的个性化产品组合及其动态调整,能够即时响应和满足顾客的即时需求,它构成深蓝渔业产品 3Is 营销模式的营销对象与运营载体。

三、C2B 智能服务平台

深蓝渔业产品养殖加工企业通过建立自己主导的 C2B 智能服务平台,实现顾客即时需求与产品订购、产品交易、产品配送的一体化运营。C2B(Customer to Business)是由顾客发起和驱动、实现顾客需求与产品生产无缝对接的电商运营模式。与目前多数第三方 C2B 电商模式不同,深蓝渔业产品养殖加工企业自己建立的 C2B 电商服务平台,在真正意义上消除了中间商,产品养殖加工、产品供应直接面向消费者,顾客的即时需求能够得到即时响应和即时满足。在深蓝渔业企业 C2B 电商模式下,顾客通过智能服务平台直接下订单,养殖加工企业根据订单信息进行产品供应,并智能地选择最优配送方式。C2B 智能服务平台为顾客提供产品订购的数据库,顾客可以进行产品组合选择,同时企业也可以通过 C2B 平台获取顾客历史交易信息、个人用户信息,从而有效地展开营销活动。

深蓝渔业企业 C2B 智能服务平台的设计包括客户端模块和服务器端模块两个方面。客户端模块包括:① 顾客信息注册模块。C2B 智能服务平台通过这一模块对平台的顾客进行登记、身份信息确认以及提供相应的会员服务。② 产品订购管理模块。C2B 平台提供产品组合的数据库,顾客通过数据库可以进行产品选择、产品组合并实现个性化订购。③ 信息发布与咨询模块。深蓝渔业企业利用该模块向平台内的用户发布企业与产品的相关信息,并对消费者的信息反馈提供咨询服务。④ 交易管理模块。平台记录每一笔交易情况并发送信息到服务器,服务器对交易信息进行分析归纳,重点分析消费者购买行为、购买习惯、购买频率、购买产品类型、购买数量等,通过交易信息分析更好地为消费者提供个性化的服务。⑤ 顾客评价模块。顾客随时可以通过智能服务平台对所购买产品、供应商服务、产品消费质量、产品消费满意度等进行评价,通过评价信息公开,为其他消费者的购买行为提供参考信息。顾客评价的具体内容包括产品品质、产品口感与网上平台描述是否一致、物流配送是否快捷准时、产品交易是否便捷、服务态度是否友好等。⑥ 在线支付模块。在客户端上集成第三方支付系统,如支付宝、微信支付等,以支持银行卡支付。⑦ 物流配送信息查询。平台系统集成产品的物流配送信息,顾客可以跟踪产品的物流配送信息。⑧ 信息检索。消费者通过检索功能可以检索产品、价格、配送方式等相关信息。⑨ 信息统计。提取相关销售数据,进行统计分析,形成有价值信息,从而更好地开展营销活动。

深蓝渔业企业 C2B 智能服务平台的服务器端模块包括企业内部管理系统、冷藏管理系统和销售管理系统。销售管理系统需要满足管理员登录、生鲜类别管理、产品管理、订单管理、会员管理、权限管理、报表管理等内容和功能。具体功能分析如下:① 管理员登录模块。管理员通过用户名和密码登录后台系统,进行各个模块的管理与模块内容的修改。② 产品管理模块。主要负责增加或者删除产品模块、提供产品模块组合、增加新品类等功能模块的实现。③ 订单管理模块。主要负责平台顾客订单的管理,包括查询订单、取消订单、修改订单、确认订单等功能模块的实现。④ 会员管理模块。主要负责平台内会员的分类、评级、统计管理,以及会员信息查询、修改,会员的退出管理等功能模块的实现。⑤ 权限管理模块。主要负责管理员的角色分配、用户的添加管理、管理员的权限分配等功能模块的实现。⑥ 报表管理模块。主要负责对产品、订单等信息进行统计,并将统计结果自动生成报表,进行智能分析。

C2B 智能服务平台连接着顾客的即时需求与供应商的即时响应,因而构成基于智能供应链的深蓝渔业产品 3Is 营销模式的神经中枢和核心。

四、基于物联网的冷链物流配送

通过物联网技术实现冷链物流配送的智能化,是深蓝渔业产品 3Is 营销模式的关键环节。物联网是运用无线射频技术(RFID)、红外感应、GPS、无线通信等技术,按照一定协议把不同的设备与互联网连接,实现物与物、人与物之间的信息交换,以实现对物体智能化的识别、定位、跟踪、监控、管理的一种网络。物联网能够将网络与所有物品建立联系,使网络系统对物品做到实时定位追踪和监控识别,其原理是在各类物品上完成电子标签、二维码以及传感器的装置,让物品通过接口和无线网络连接起来,从而使物品具有智能特征,能够做到和人们的对话沟通,也能够让物与物之间实现对话沟通。运用射频识别装置和激光扫描仪以及 3S 技术等不同装置实现数据的采集、处理与融合,在操作终端做到智能识别与管理。物联网技术的核心是通过 RFID 技术的运用,来做到对物品的智能识别以及物品信息之间的共享互联。物联网的关键技术包括:① RFID 技术。该技术是运用射频信号来对目标对象进行自动识别,并且可以得到目标对象的相关数据。RFID 芯片是在塑料基片上安装 IC 与天线的新型电子卡片,其特点是无线无源,并且有着较大的数据信息存储量。在 RFID 技术运用中,电子标签与阅读器两者之间运用电磁感应来做到数据能量的无线传送。电子标签的组成主要是耦合元件与芯片,在一个标签上只有一个电子编码,这个唯一的编码将会在物体上给目标对象做出标识。阅读器是完成对标签信息读取的重要设备,有手持式与固定式两种设计区分。电磁感应实现射频信号在标签与读取器之间的传递。② 传感器网络技术。智能化传感器把原始数据信息提供给网络系统做出数据处理分析和传输反馈。无线传感器网络作为网络信息系统将信息采集和传输处理技术融为一体,具有自身组网和铺设方式上的灵活性与低功耗特点。物联网对于物体的感知是通过分布在不同物体之间的传感器来实现的,传感器的网络节点主要包括如下基本单元:具有模数转换功能的模块与传感器所组成的传感单元、存储器和 CPU 以及操作系统组成的处理单元、无线通信模块构成的通信单元等。这些基本单元组成无线传感器网络,实现对网络所覆盖的地区、物品相关信息的感知与收集处理,然后运用接收发送器把数据信息传递给远程的控制管理中心,从而使远程控管中心做到对网络节点的实时操作。③ 智能技术。该技术基于某种预定目标、运用有关技术手段把智能系统植入物品内部,从而使物品自身具有智能属性。智能化的物品可以和用户之间实现主动的信息交流,同时也构成物联网技术实现的物与物相联的基础。④ 纳米技术。该技术是对结构尺寸范围处于 0.1 到 100 纳米之间材料的应用研究技术,其核心关键点是纳米电子学。纳米电子学所涵盖的以量子效应为基础制造的纳米级电子器件、纳米结构中所具有的光电性质以及纳米级电子材料等深度支撑着物联网技术。通过传感器网络技术可以对物体的实时状态做出检测,在物体中镶嵌的智能芯片可以在网络边界对信息进行转移处理。在此基础上,纳米技术能够帮助物联网实现更小物体的信息连接与交互。

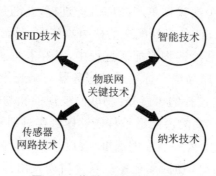

图 6-7　物联网关键技术构成

物联网技术具有平台独立性、可拓展性以及高度互动性的特点,同时一个能够完成运营管理的物联网在目标物体的标识上有着唯一性特点,并且还具有对目标物体信息数据的共享性以及对物体感知可以做到跨越地域性的特征。物联网的可感知、信息的可靠传输以及智能化处理,使其成为智能化运营管理系统的核心技术。

将物联网技术应用于深蓝渔业产品的冷链物流配送过程,一方面能够实现物流配送的快捷和精准到位;另一方面能够做到对物流配送全过程的实时监控和追踪,以确保产品质量安全。深蓝渔业产品的冷链物流配送过程包括从养殖捕捞、海上运输保鲜、养殖品加工到中心冷库冷藏、冷藏分销、冷藏车配送、单体冷藏配送等主要环节。三文鱼等深蓝渔业产品的品质及其消费方式,对保鲜度、绿色安全等指标有着特殊的极高要求,它不仅要求物流配送过程的快捷,而且要求整个供应链运营过程必须保证产品的高标准品质,而这些要求只有通过物联网技术才能实现。在三文鱼等深蓝渔业产品的冷链物流配送过程中,一方面,冷链物流配送的各个环节、各个节点通过物联网技术加以连接并实现信息传递与互动,远程控制管理中心通过信息反馈与信息分析,实时调控各个环节与节点的有序连接与运行,当某个环节或节点出现问题时,物联网运营系统将自动发出信号,远程控管中心实时排除和解决问题;另一方面,冷链物流配送过程的个性化订单产品,从产品加工、产品冷藏、产品出库到冷藏车运送、单体冷藏配送的整个过程,通过采用 RFID 技术、无线传感器网络技术、智能技术等实现了智能化的全程实时监控与追踪。运用RFID 技术和智能技术,在个性化订单产品上贴有电子标签,电子标签存储着顾客姓名和住址、产品来源、产品品类、加工时间、出库时间等相关信息,当个性化订单产品进入物流配送过程中,远程控管中心通过无线传感器网络技术,实时监控和追踪个性化订单产品的流动过程,并通过协同物流配送各个环节与节点的有序化,达到产品配送的快捷与精准目标。基于物联网技术的应用,在深蓝渔业产品冷链物流配送过程中,贯穿着可感知、可调控、可追溯的机制。个性化订单产品电子标签通过服务器与无线传感器网络进行连接,实现了产品物流配送过程的可感知;物联网实现的物与物、人与物相联以及信息传递与反馈,使产品物流配送过程能够做到实时调控。如在物流配送过程中需要对冷鲜产品所处环境中的温度、湿度等相关指标进行检测,当温度、湿度到达某一个数值时,物流配送系统就会自动发出预警反馈信息,物流配送中心则实时加以调控;RFID 技术、无线传感器网络技术、智能技术等综合运用于冷链物流配送过程,可实现个性化订单产品的流动环节与流动路线可追踪、产品质量安全可追溯。可感知、可调控、可追溯的机制,使深蓝渔业产品的物流配送能够达到快捷、精准、安全的目标。

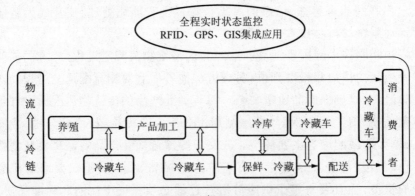

图 6-8　深蓝渔业产品冷链物流过程

五、即时个性化增值服务

深蓝渔业产品 3Is 营销模式的核心理念,是通过为顾客提供即时个性化增值服务,提高顾客满意度,增进顾客价值。以顾客即时需求为驱动,通过即时个性化服务,使顾客的即时需求获得即时满足,是深蓝渔业产品 3Is 营销模式的最终目标。

深蓝渔业产品 3Is 营销模式主导的满足个性化即时需求的逆向供应链整合,由消费者个性化需求发起和驱动,消费者可以通过不同模块的组合实现即时个性化需求。即时个性化增值服务以消费者增值体验为核心,以智能供应链为支撑,通过顾客即时需求信息的即时响应、模块化产品优化组合、快捷智能的物流配送,来满足顾客的即时个性化需求。即时个性化增值服务主要体现在如下几个方面:

(1)即时个性化信息服务。通过消费者购买经历和购买数据分析顾客的个性化需求倾向,从而为消费者提供实时性、个性化的信息服务,包括提供个性化产品信息、产品消费知识以及利用三维动画和视频等提供现场消费体验信息共享。个性化服务除了根据顾客需要进行精准的信息推送外,还能够描绘和提供顾客兴趣、特征、购买和消费习惯等,主动地向顾客推送自身购买和消费的相关信息,如消费排名、消费产品的雷达图、年度消费账单等,让顾客更好地了解自己。

(2)即时个性化订单服务。顾客可以随时在供应商智能服务平台上发送个性化需求信息并下订单,会员登录后,在产品数据库内搜索产品相关信息,选择产品组合,订购相应的产品。数据库根据顾客输入的关键词等搜索条件进行智能检索,通过对顾客过去的消费习惯和消费偏好的分析,主动地提供出顾客所需的信息资源,使检索结果更符合顾客需求。开发移动端 APP,提升消费者的参与度,消费者可以通过用户端 APP 提交订单,完成交易。此外,移动端 APP 提供生鲜菜谱、菜品展示、社区互动等增值服务,以生鲜菜谱为基础,可以衍生出丰富的菜品展示和社区互动讨论功能。

(3)即时个性化物流配送服务。物流配送的增值服务主要体现在配送的快捷即时性。冷链物流配送要求从产品加工、冷藏、配送直到送达消费者的整个过程保持低温冷藏,对配送时间、产品品质、环境温度与湿度等方面有极高的要求,因此对物流配送的时效性要求很高,物流配送的各个环节需要相互协同配合,做到实时无缝连接。即时物流配送服务系统以物联网、大数据、云计算技术为支撑,实现配送系统的智能化。智能化物流配送系统打通了供应链上的各个环节,配送信息在供应链各个环节可以充分共享与互动。在物流配送过程中,供应链根据顾客订单信息要求,优化配送方式和配送路线,配送全程可监控,供应链和顾客可以追踪查询配送运行路线和配送到达时间,顾客的即时需求通过快捷配送服务能够得到即时满足。

第三节　深蓝渔业产品 3Is 营销模式的智能技术支撑

一、商务智能技术

商务智能(Business Intelligence)是指运用现代数据仓库技术、线上分析处理技术、数据挖掘和数据展现技术等进行数据分析,并将数据转化为有价值的信息和知识,以服务于决策与管理的智能系统。商务智能是一套完整的解决方案,它将企业中现有数据进行有效的整合,快速准确地提供决策信息,帮助企业做出正确的业务经营决策。商务智能一般由数据仓库、联机分析处理、数据挖掘、数据备份和恢复等部分组成,其关键是从企业运作各个系统的大数据中提取有价值的数据,并保证数据的正确性,然后经过抽取(Extraction)、转换(Transformation)和装载(Load),即 ETL 过程,整合到企业整体的数据仓库里,在此基础上利用相应的查询和分析工具、数据挖掘工具、OLAP 工具等对数据进行分析和处理,经过分析处理的数据成为有价值的信息,为管理者的决策过程提供数据信息支持。

商务智能技术是迅速分析数据的技术和方法,包括收集、管理和分析数据,并将数据转化为有价值的信息。商务智能技术起始于不同数据源的数据收集,通过提取有用数据进行加工、分析和处理,保证数据的正确性,分析处理后的数据经过转换、重构存入数据仓库成为有价值的信息,通过对这些信息的查询、挖掘和分析,使其成为支持决策的知识。商务智能技术包括:

(1)数据仓库技术。数据仓库技术是商务智能系统的基础,是面向主题的、集成的、稳定的和随时不断变化的数据集成与处理技术,具有数据采集、数据分析、数据处理、数据描述的功能。数据仓库系统的数据来源主要是外部的操作性应用系统,这些数据源包括数据的业务含义和业务规则,表达业务数据的表、字段、视图、列和索引等。数据仓库能够从容量庞大的业务处理型数据库中抽取数据,处理、转换为新的存储格式。数据仓库技术首先对多个异构的数据源按照主题进行有效集成和整合,然后对集成数据进行分析处理。数据仓库的应用包括联机在线分析处理(OLAP)和数据挖掘(DM)。通过对数据仓库中多维数据的钻取、切片及旋转等分析处理,可以提供决策支持需要的数据查询及报表;通过数据挖掘,可以发现隐藏在数据中的潜在规则。

(2) OLAP 技术。OLAP(联机分析处理)技术是多维数据分析与处理的技术工具,它通过快速、一致、交互访问各种可能的信息视图,帮助数据分析与管理者对数据进行深入了解。Bi-Pilot 分析服务器是用于联机分析处理的中间服务器,提供了对数据仓库的快速访问。OLAP 通过在多维结构中对数据仓库中的数据进行提取、整合和存储,可以对最终用户查询做出快速响应。Bi-Pilot 分析服务器用以分析多维数据集,同时还提供对多维数据集信息的快速访问客户端。Bi-Pilot 分析服务器将数据仓库中的数据组织成包含预先计算聚合数据的多维数据集,以便为复杂的分析查询提供快速的处理。OLAP 技术致力于处理数据仓库中的大数据,通过对数据的分析、归纳和处理,将数据转化为有用的信息,帮助企业实现有效决策。OLAP 技术支持最终用户进行动态多维分析,在不同层次、不同时间序列之间进行分析和建模。

(3) 数据挖掘技术。数据挖掘(Data Mining)是指从数据仓库的大数据中揭示出隐含的、未知的并具有潜在价值的数据信息。数据挖掘技术支持从大量数据库中提取和发现新知识、新模式的过程。数据挖掘技术面对企业拥有的大量数据,通过抽取、转换、装载等数据处理技术,发现数据的相互关联性,探寻其中的业务规律和趋势,在关联数据库中存储多维数据集数据,以标准化 XML 格式存储数据元数据,提供数据抽取接口。数据挖掘是一种决策支持系统,它基于人工智能、机器学习等技术,智能化地分析企业原有数据,做出挖掘性预测,帮助企业调整经营策略。

商务智能技术的综合运用形成的商务智能系统包括如下环节:① 数据获取。将分布在异构数据源中的数据如关系数据、平面数据文件等抽取加载到数据仓库中,成为联机分析处理、数据挖掘的基础。数据获取的方式采用 ELT 方案来实现,ELT 可以在短时间内抽取和加载海量数据,提高 ELT 数据量,缩短抽取和加载时间窗口。② 建立数据仓库。商务智能系统的核心是数据仓库,其主要功能是支持决策的联机分析处理(OLAP)。数据仓库包括数据提取模块、数据清洗模块、数据转换模块,通过数据提取、过滤和转换实现数据标准化。③ 数据分析。商务智能系统的关键环节是数据分析,数据分析采用联机分析处理和数据挖掘技术。联机分析处理在进行数据汇总、整合的同时，提供切片、切块、下钻、上卷和旋转等数据分析功能。数据挖掘可以发现数据背后隐藏的知识和模式。④ 数据展现。通过数据分析，实现数据展现。数据展现的方式和内容主要有数据查询，包括定义查询、动态查询、OLAP 查询、决策支持智能查询等；数据报表，包括关联数据表格、复杂表格、OLAP 表格以及各种综合报表等；数据可视化，包括直方图、饼图、网状图、动态模拟、计算机动画等，用以表现复杂数据及其相互关系。商务智能系统通过数据获取、建立数据仓库、数据分析、数据展现等环节，实现对数据的快速分析和处理，经过分析处理的有用数据通过数据展现服务于决策和管理。商务智能系统结构模型如图 6-9 所示。

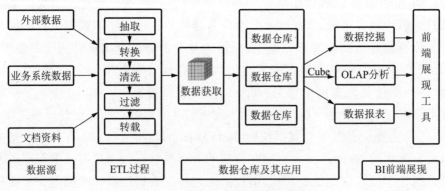

图 6-9　商务智能系统结构模型

深蓝渔业产品 3Is 营销模式，其商务智能系统涉及的数据信息包括：① 产品订单实时状态数据信息。产品订单实时状态是指顾客通过网络完成订单提交后发送给供应商的表单状态。数据信息包括顾客信息、生鲜产品定购信息、订单运行状态等信息。② 产品养殖数据信息。包括种苗培育质量数据、养殖工船和深海养殖网箱运行状态数据、养殖环境水温与气象数据、养殖饵料数据、养殖排泄物处理数据、养殖品成长过程数据、养殖品捕捞数据、养殖品海上保鲜数据、养殖品海上运输数据等。③ 产品加工设备状态数据信息。主要包括加工设备的基本产品参数和运行状态数据。设备的基本产品参数包括设备的基本信息，如设备类型、设备性能等；设备运行状态数据，主要是指设备停止运行、正常开机、检修、保养等数据。④ 产品工艺技术数据信息。主要是指为满足顾客即时个性化订单的需求，生鲜原材料加工流程的规范性数据信息，包括生鲜原材料的种类、工艺过程、产品标准、产品包装等数据。

⑤ 产品加工状态数据信息。包括生鲜原材料存放状态、等待状态、加工状态和完成状态等数据。⑥ 产品物流配送数据信息。主要包括产品冷藏、产品分拣、产品出库、产品运输、产品配送、产品交易等实时状态数据。深蓝渔业产品供应商对供应链中产生的各种复杂数据信息进行智能化的实时采集和分析处理,通过数据集成和转化,实现对顾客即时需求的即时响应,同时通过采用 RFID 电子标签来实时感知分布在供应链中的各类数据信息,从而实现对产品养殖、加工和物流配送过程实时监控与追踪的智能化。

二、EPC 编码技术

EPC(Electronic Product Code)即电子产品编码,是国际条码组织推出的新一代产品编码体系。原有的产品条码是对产品分类的编码,而 EPC 编码则是赋予每个单品一个唯一的编码。EPC 电子产品编码建立在 EAN.UCC(全球统一标识系统)条形码的基础上,用以实现对每一个单品进行全球唯一标识。EPC 技术系统具有开放的结构体系、独立的平台、高度的互动性以及灵活的适应性。电子产品编码技术是构建智能物联网的基础。

EPC 编码由标头、厂商识别代码、产品分类代码、序列号等数据字段组成。标头标识了 EPC 的类型,它使得 EPC 随后的码段可以有不同的长度;厂商识别代码描述与此 EPC 相关的生产厂商的信息,例如"万泽丰渔业集团公司";产品分类代码记录产品精确类型的信息,例如"万泽丰渔业集团公司养殖加工的三文鱼";序列号是单个产品的唯一标识,可以精确到不同规格、不同包装、不同重量的三文鱼生鱼片等。根据 EAN.UCC 统一标识,EPC 编码体系分为以下五种。

(1)SGTIN:Serialized Global Trade Identification Number。

(2)SGLN:Serialized Global Location Number。

(3)SSCC:Serial Shipping Container Code。

(4)GRA:Global Returnable Asset Identifier。

(5)GIAI:Global Individual Asset Identifier。

EPC 编码数据结构标准规定了 EPC 数据结构的特征、格式以及现有EAN.UCC 系统中的 GTIN、SSCC、GLN、GRAI、GIAI、GSRN 与 EPC 编码的转换方式。EPC 编码数据结构标准适用于全球和国内物流供应链各个环节的产品与服务等的信息处理和信息交换。目前,EPC 系统中应用的编码类型主要有三种:64 位、96 位和 256 位。96 位能够为 2.68 亿个公司提供唯一标识,每个厂商可以有 1600 万个产品种类标识,每个产品种类可以有 680 亿个产品序列号。对于具体的编码标准现在已经推出 EPC-64 Ⅰ型、Ⅱ型、Ⅲ型,EPC-96 Ⅰ型,EPC-256 Ⅰ型、Ⅱ型、Ⅲ型等编码方案。

表 6-1　EPC 编码分类结构

编码方案	编码类型	版本号	厂商识别号	产品分类	产品顺序号
EPC-64	Ⅰ型	2	21	17	24
	Ⅱ型	2	15	13	34
	Ⅲ型	2	26	13	23
EPC-96	Ⅰ型	8	28	24	36
EPC-256	Ⅰ型	8	32	56	160
	Ⅱ型	8	64	56	128
	Ⅲ型	8	128	56	24

　　EPC 编码技术要求符合如下规则:① 唯一性。EPC 对产品提供唯一标识,一个 EPC 编码只能分配给一个产品使用。同种产品不同规格对应不同的产品代码,根据产品的规格、质量、数量、包装、颜色、形状、气味等赋予不同的产品代码。② 简单性。EPC 数字信息包含了产品的生产地区、生产商、生产日期、产品属性等数据信息,数据信息简单明了。③ 安全性。EPC 编码采用安全的加密技术,确保数据信息存储和传输的安全性。

　　EPC 编码存储在产品电子标签(RFID)上,实现与互联网信息互通。产品电子标签是由一个比大米粒的 1/5 还小的电子芯片和一个软天线组成,电子标签像纸一样薄。产品贴上 EPC 标签后,通过天线可以将芯片内部储存的数据信息非接触地传送出去。EPC 电子标签可以在 1～6 米的距离让读写器探测到,电子标签可以读写信息。读写器读取 EPC 标签中的数据信息,并负责将数据传送给 Savant,Savant 过滤、整合阅读器传送的标签数据流。EPC 标签读取的数据信息,经过传送、过滤和整合保存在 EPC 网络中,通过 EPC 信息服务器,EPC 标签可以与一些动态数据连接互通,例如该产品的原产地、生产日期、加工日期、物流位置、配送地点等。

　　EPC 编码技术是深蓝渔业产品智能供应链的基础,是构建深蓝渔业产品物联网系统的基石,从而也是深蓝渔业产品 3Is 营销模式最根本的智能技术支撑。深蓝渔业产品智能供应链涵盖的 EPC 编码主要包括:① 产品养殖公司 EPC 代码、产品养殖区域 EPC 代码、产品海上保鲜运输工具 EPC 代码。

② 产品加工厂商 EPC 代码、产品加工工艺设备 EPC 代码、产品包装工艺设备 EPC 代码。③ 产品种类 EPC 代码、模块化产品 EPC 代码、订单产品 EPC 代码。④ 产品冷藏库 EPC 代码、产品冷藏设备 EPC 代码。⑤ 产品冷链物流工具 EPC 代码、冷链物流服务人员 EPC 代码、单体配送工具 EPC 代码、单体配送人员 EPC 代码等。这些编码信息的互联互动，构成深蓝渔业产品供应链的 EPC 网络，该 EPC 网络能够准确、快捷、实时地将 EPC 数据信息传送给供应商的应用程式中，从而构成深蓝渔业产品智能供应链运营的基础。

三、基于 EPC 的物联网技术

物联网是运用无线射频技术、传感器网络技术、智能技术等，按照一定协议把不同的设备与互联网连接，实现物与物、人与物之间的信息交换，以实现对物体对象智能化的识别、定位、跟踪、监控、管理的一种网络。物联网能够将网络与所有物体建立联系，使网络系统对物体做到实时定位追踪和监控识别。物联网的关键技术包括无线射频技术、传感器网络技术、智能技术、纳米技术等，这些关键技术综合运用的基础是 EPC 编码技术，因此从根本上说，物联网技术是建立在 EPC 编码技术基础之上的。

以 EPC 编码为基础，形成 EPC 网络系统。EPC 网络系统是由 EPC 代码、EPC 电子标签、读写器、EPC 中间件、对象名称解析服务（ONS）、EPC 信息服务（EPCIS）等构成的完整、综合系统。EPC 标签通过读写器读出数据信息，读出的数据信息经过 EPC 中间件的过滤和处理传送给 ONS，ONS 提供智能化的网络数据库服务，通过 ONS 服务器连接 EPC 中间件与 EPCIS 产品信息服务器，再通过 EPCIS 将产品信息传输到供应链上，以实现供应链的智能化运营和管理。

表 6-2　EPC 网络系统构成要素

系统构成	名　称	注　释
EPC 编码体系	EPC 代码	用来标识目标的特定代码
射频识别系统	EPC 标签	贴在或者内嵌在物品上
	读写器	识读 EPC 标签
信息网络系统	EPC 中间件	EPC 系统的软件支持系统
	对象名称解析服务（ONS）	
	EPC 信息服务（EPCIS）	

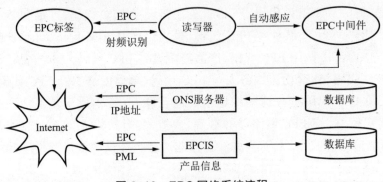

图 6-10　EPC 网络系统流程

基于 EPC 编码技术的 EPC 网络系统及其展开,构成物联网技术体系运营的基本框架。物联网技术体系和运营系统由以下模块设计构成。

(1)RFID 与无线传感器网络技术模块。RFID(Radio Freguency Identification)是一种无线射频识别技术,通过无线电讯号识别特定目标并读写 RFID 标签相关数据,以自动识别与追踪目标物品。RFID 类似于条码扫描,RFID 通过专用的 RFID 读写器及专门的可附着于目标物品的 RFID 标签,利用频率信号将信息由 RFID 标签传送至 RFID 读写器。RFID 电子标签的读写器通过天线与 RFID 电子标签进行无线通信,可以实现对标签识别码和内存数据的读出或写入操作。完整的 RFID 技术系统,由读写器、电子标签以及应用软件系统三个部分组成。读写器是 RFID 系统信息控制和处理中心,它通常由耦合模块、收发模块、控制模块和接口单元组成。RFID 技术的工作原理是:RFID 标签进入磁场后,接收读写器发出的射频信号,凭借感应电流所获得的能量发送出存储在芯片中的产品信息,或者由标签主动发送某一频率的信号,读写器读取信息并解码后,传送至中央信息系统进行有关数据处理。RFID 技术与无线传感器技术相结合,以实现对物体对象的智能感知。无线传感器网络(Wireless Sensor Network,WSN)是由大量的静止或移动的传感器以自组织的方式构成的无线网络,以协作地感知、采集、处理和传输网络覆盖地理区域内被感知对象的信息,并最终把这些信息发送给网络的应用者。传感器网络系统包括传感器节点、汇聚节点和管理节点。传感器节点监测的数据沿着其他传感器节点进行信息传输,在传输过程中监测数据可能被多个节点处理,最后通过互联网到达管理节点。用户通过管理节点对传感器网络进行配置和管理,发布监测任务以及收集监测数据。

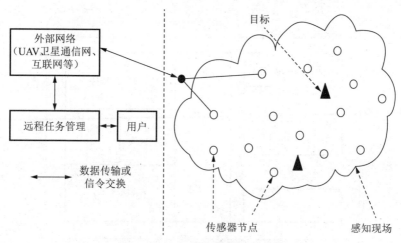

图 6-11 无线传感器网络结构

无线传感器网络具有规模大、协作性、自组织等特点。在安置传感器节点的监测区域内,布置有数量庞大的传感器节点,通过这种分布式的大规模布置,可实现高精度的目标检测和识别。大规模布置的传感器节点以协作执行任务的方式,共同完成对数据信息的采集、处理、存储以及传输,共同实现对物体对象的感知,得到完整的信息。同时,无线传感器网络以自组织的方式工作和运行,包括自组织通信、自组织网络调节、自组织网络管理等。

（2）EPC 中间件技术模块。EPC 中间件也称为 Savant 系统,它是处在读写器与 EPC 信息服务之间的连接纽带,是加工和处理来自阅读器所有信息的软件。读写器将 EPC 电子标签存储的数据信息读取出来,传送至 Savant 系统进行数据校验和数据暂存,经 Savant 系统处理过的数据信息,传送到 EPC 信息服务器中。EPC 中间件的网络结构包括"边缘 EPC 中间件"和"内部 EPC 中间件"。"边缘 EPC 中间件"与 RFID 读写器相连接,读写器从电子标签中读出 EPC 数据,并将采集的数据向"边缘 EPC 中间件"传输,"边缘 EPC 中间件"再将数据上传至"内部 EPC 中间件"。"内部 EPC 中间件"从"边缘 EPC 中间件"中采集数据,并将采集的数据进行合计与整合。EPC 中间件的主要功能是在将数据信息传送到企业应用程序之前,对从电子标签采集的数据信息进行校对、过滤、传送和存储。EPC 中间件包括安全校验模块、ONS 调用模块、IS 调用模块以及协议绑定模块。见图 6-12 所示。

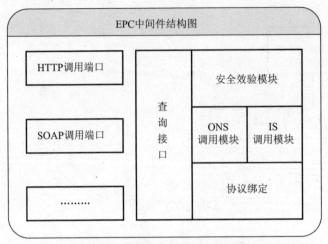

图 6-12　EPC 中间件模块结构

（3）ONS 服务器技术模块。ONS 即对象名称解析服务器，是一个自动的网络服务系统，为 EPC 中间件提供存储产品相关信息的服务器，用来定位某 EPC 代码对应的 PML 服务器，从而连接前台 SAVANT 软件与后台 PML 服务器。ONS 系统主要处理电子产品码与对应的 EPCIS 信息服务器 PML 地址的映射管理和查询，主要功能是实现与电子产品码对应的 EPC 信息服务地址信息的存储，并向根 ONS 服务器报告该信息并获取网络查询结果。动态的 ONS 服务，能够通过电子产品码查询该商品的确切信息，譬如在供应链经过的各个环节上的精确信息。ONS 服务提供的查询过程如下：第一，RFID 阅读器从一个 EPC 标签上读取一个电子产品码；第二，RFID 阅读器将这个电子产品码送到本地服务器；第三，本地服务器对电子产品码进行相应的 URI 格式转换，发送到本地的 ONS 解析器；第四，本地 ONS 解析器利用格式化转换字符串将 EPC 编码转换成 EPC 域前缀名，再将 EPC 域前缀名与 EPC 域后缀名结合成一个完整的 EPC 域名；第五，本地 ONS 解析器基于 EPC 域名访问本地的 ONS 服务器（缓存 ONS 记录信息），如发现其相关 ONS 记录，直接返回 ONS 记录；否则转发给上级 ONS 服务器（ONS 服务基础架构）；第六，ONS 服务基础架构给本地 ONS 解析器返回 EPC 域名对应的一个或多个 EPCIS 服务器 IP 地址；第七，本地 ONS 解析器再将 IP 地址返回给本地服务器；第八，本地服务器再根据 IP 地址连接正确的 EPCIS 服务器，获取所需要的 EPC 信息。ONS 的信息服务对于整个物联网来说，是实现产品信息定位和跨企业间信息流转的中心枢纽。ONS 信息服务的查询过程见图 6-13。

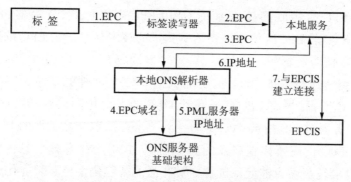

图 6-13 ONS 信息服务的查询过程

（4）EPCIS 信息服务技术模块。EPCIS 是 EPC 网络中的"空间数据库"，它通过为 EPC 数据提供一套标准的接口，促成跨组织的单一标准采集与分享信息的方式。EPCIS 信息服务是一种可以响应任何与 EPC 相关标准的信息访问和信息提交的服务，由 EPC 代码作为关键词进行数据库搜索，EPCIS 信息服务可以提供 EPC 所标识产品的具体信息。EPCIS 服务模块分为三个层次：信息模型层、服务层与绑定层。信息模型层界定了 EPCIS 中包含数据的性质、类型、结构与含义，服务层确定了 EPC 中间件与 EPCIS 数据进行交互的实际接口，绑定层定义了信息的传输协议。在整个 EPC 网络系统中，EPCIS 信息服务的主要功能是提供一个接口去存储、管理 EPC 网络层层处理和传送的信息，因此 EPCIS 处于 EPC 网络结构的最高层，它存储和管理的是经过 EPC 网络各个层次、各个环节采集、处理和传输的信息。见图 6-14 所示。

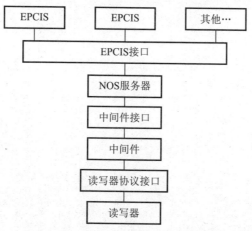

图 6-14 EPCIS 信息服务的位置结构

基于 EPC 的物联网技术系统,是由 EPC 电子标签、读写器、EPC 中间件、ONS 服务器、EPCIS 信息服务器等构成的技术体系。由 EPC 编码形成的 EPC 标签存储着所标识产品的信息,读写器读取 EPC 标签中的数据信息,并负责将数据传送给 EPC 中间件,分布式的 EPC 中间件处理由读写器读出的一连串 EPC 数据,并将 EPC 代码传给 ONS 的自动化网络数据库服务器,经过 ONS 服务器,ONS 指示 EPC 中间件到一个存储着产品文件的 EPCIS 服务器中查询 EPC 代码所标识产品的具体信息,并将产品具体信息传输到供应链网络,以实现在供应链运营过程中对产品的智能化定位和智能化追踪。

在深蓝渔业产品 3Is 营销模式运营中,电商服务平台实时接受顾客的即时需求信息,并实时地将顾客即时需求订单进行产品 EPC 编码、生成订单产品 EPC 电子标签,订单产品进入供应链物流配送过程之后,读写器、EPC 中间件、ONS 服务器、EPCIS 信息服务器等物联网技术系统,通过自组织化的协同运营,实时采集、处理、传送、查找、展现订单产品在供应链各个环节的具体信息,如订单产品所处环境、所处位置、配送工具、配送人员、配送时间、交付状态等,以实现对订单产品物流配送全流程的智能化实时监控与追踪,从而达到顾客即时需求获得即时响应的营销目标。

| 第七章 |

深蓝渔业产品 3Is 营销模式的运营机理

第一节　从顾客即时需求到智能化服务平台

一、顾客的个性化即时需求

如同一般性生产加工厂商一样,传统的深蓝渔业产品市场营销是建立在产品养殖加工的标准化与大批量基础上的,针对市场的一般性、普遍性需求,以标准化的大批量产品供给为驱动,以营销组合策略为手段,将产品推向市场,以满足消费者的共性需求。

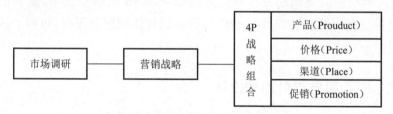

图 7-1　传统深蓝渔业产品营销战略

市场经济的发展、居民消费水平的提升以及互联网信息技术的发展,推动着海产品实现以养殖加工企业为核心的市场营销向以消费者为中心的市场营销转变。市场经济的发展使得产业与生产分工越来越精细化,居民的消费结构、消费层次与消费选择越来越多样化,在现代网络信息技术的推动下,海水养殖加工企业的产品营销转向以消费者为中心,并注重发现和满足消费者的个性化需求。以三文鱼为代表的深蓝渔业产品,由其独特的产品品质及其消费方式所决定,消费者需求在很大程度上带有个性化需求的特点,而个性化需求主要表现为消费者对于深蓝渔业产品的即时需求。受消费习惯、心理结构、情绪背景、消费时尚、消费文化和产品消费方式等多种因素的影响，消费者特别是新生代消费者对于深蓝渔业产品的需求与消费十分突出地具有即兴式需求、即时性消费的特点。即时需求与消费的特点是，消费需求是即兴式、随机性产生的，消费需求渴望得到即时响应和满足。电商服务平台、物联网供应链、移动终端等现代网络信息技术的发展，为消费者的即时需求获得满足提供了有力的支撑条件。以现代信息网络技术为支撑的深蓝渔业产品营销，是消费者主导的 C2B 模式，消费者的个性化即时需求通过智能服务平台传递给供应商，供应商根据消费者的个性化需求，通过智能供应链进行产品配送的即时供应。

图 7-2　即时需求驱动的深蓝渔业产品 C2B 营销

深蓝渔业产品 3Is 营销模式，是以顾客个性化即时需求为驱动的营销模式。顾客个性化即时需求的市场研究、市场发现和市场开拓，是深蓝渔业产品 3Is 营销模式的逻辑起点。在深蓝渔业产品 3Is 营销模式下，顾客的个性化即时需求信息可以实时地传递到供应商的智能化服务平台，以得到供应商的即时响应。

二、智能服务平台功能设计

C2B 智能化服务平台连接顾客与产品供应商，通过这一平台实现顾客即时需求信息向智能供应链的实时传递。顾客直接给供应商下订单，供应商进行订单产品的快捷配送。顾客通过智能化服务平台，其个性化即时需求得以实现。智能化服务平台的功能包括客户端功能设计和服务器端功能设计两个部分。

（1）智能服务平台客户端功能设计。平台客户端功能模块包括客户注册、产品定制、信息发布、交易管理、用户评价、在线支付、物流信息查询、信息检索、信息统计等基本模块。如图 7-3 所示。

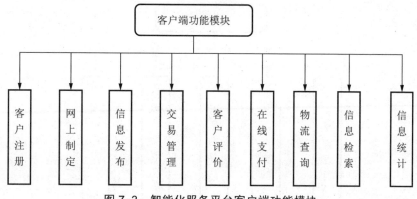

图 7-3 智能化服务平台客户端功能模块

第一，客户信息管理模块。该模块包括客户注册、会员登录、会员信息的查询和修改等基本功能。消费者可以以过客身份访问平台并浏览、查询产品，为了满足顾客的即时需求，顾客可以直接以过客身份进行购买。顾客可以通过电子邮箱、微信、手机号等进行注册，成为服务平台的会员。客户需填写提交个人的相关信息。客户信息管理模块设计如图 7-4 所示。

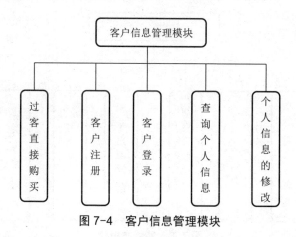

图 7-4 客户信息管理模块

第二，产品定制模块。产品定制模块包括产品的搜索查询、组合定制等功能，为方便消费者的定制，消费者通过平台进行产品的搜索查询，并能够在平台首页"产品定制"导航条下拉菜单浏览选择产品分类、产品组合，进行相应的订购。另外，在产品模块设置新品推荐、热销产品、促销折扣产品、预售产品等。服务平台为消费者推荐产品组合、模块化产品定制。产品定制模块如图 7-5 所示。

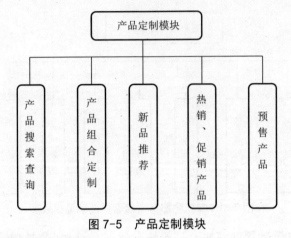

图 7-5　产品定制模块

第三,购物车模块。消费者将所购产品在"购物车"暂存后,在"我的购物车"可以实现查询、修改产品的相关信息,删除相关产品、合并结算、清空购物车等相关功能。确认所购产品后,可以合并提交订单,进行结算。购物车模块设计如图 7-6 所示。

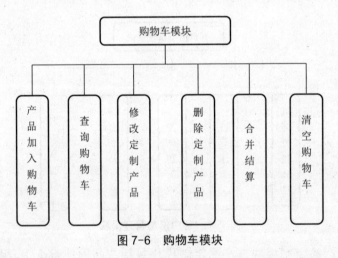

图 7-6　购物车模块

第四,订单模块。消费者在购物车或者产品定制模块确认购买产品后,点击"去结算",提交订单,订单模块是平台交易系统的核心部分。消费者提交订单,确认收货信息与支付方式,包括消费者姓名、收货地址、通讯方式、收货时间要求、支付方式的选择等。与线下交易不同的是,消费者在支付完成前,可以取消订单。订单模块设计如图 7-7 所示。

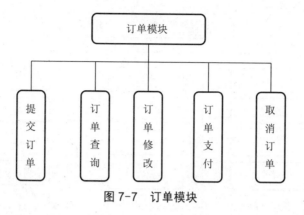

图 7-7　订单模块

第五,支付模块。消费者提交订单后,选择相应的支付方式进行支付,服务平台系统支持银行卡(信用卡、借记卡)支付、第三方支付(微信/支付宝)。支付模块如图 7-8 所示。

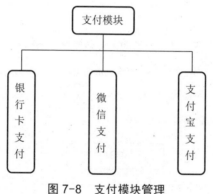

图 7-8　支付模块管理

(2)智能服务平台服务器端功能设计。平台服务器端功能设计从三个方面来展开,包括企业内部管理模块、仓储管理模块、销售管理模块。智能服务平台服务器端模块如图 7-9 所示。

企业内部管理模块主要是公司内部人员使用的系统,用于企业的内部管理,包括系统管理、采购管理、库存管理、客服管理、财务管理、数据管理、区域物流中心管理等。仓储管理模块即 WMS(Warehouse Management System),是仓库人员使用的系统,管理企业产品的入库、出库、区域物流中心、物流配送管理等业务。营销管理模块是面向消费者的管理模块,主要包括产品管理、订单管理、客户管理、支付管理、促销管理、数据管理等。

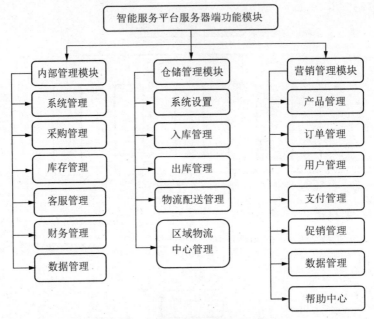

图 7-9　智能服务平台服务器端模块

第一,产品管理模块。产品管理模块包括添加产品、删除产品、修改产品、查询产品等模块。产品管理模块是营销管理模块中的重要部分,可在产品数据库进行添加、修改、删除产品等操作。如图 7-10 所示。

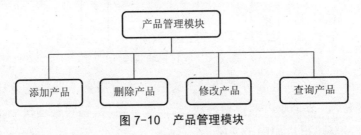

图 7-10　产品管理模块

第二,订单管理模块。订单管理模块包括订单查询、订单取消、修改订单等基本功能。订单管理模块对消费者的订单信息进行处理,消费者下订单后,后台可以查看到订单的具体信息、订购产品的具体要求、消费者的收货信息、消费者地址、联系方式等。后台可以对订单信息进行分析,制定相应的营销策略。根据消费者的订单信息,后台可以智能选择产品的配送方式以及配送时间、配送路线等。订单状态包括应付款订单、已付款订单、已发货订单、已收货订单。订单管理模块设计如图 7-11 所示。

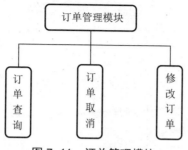

图 7-11 订单管理模块

第三,顾客管理模块。顾客管理模块包括查询客户信息、修改信息、注销客户、顾客等级管理等基本功能。该模块主要对会员客户进行管理,可以查询会员客户的准确资料,修改客户的相关信息。对于选择退出的客户进行注销。后台同时根据客户的消费金额、消费的频次、消费产品的类型等对会员客户进行分类管理。顾客管理模块设计如图 7-12 所示。

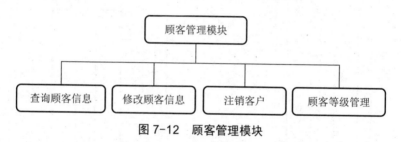

图 7-12 顾客管理模块

第四,客户数据管理模块。该模块包括客户行为数据、客户消费数据、客户地理位置数据等,如图 7-13 所示。根据客户的购买习惯、产品偏好、购买过程,分析客户的购买行为,获得客户行为数据,从而进行产品优化和精准的产品推荐与营销。根据客户的消费数据,如年度消费额、月度消费额、购买产品类型等,分析顾客的购买力、消费倾向、信用状况,以便对客户进行精准管理。根据客户地理位置数据,可以了解产品的地理覆盖范围与地域分布情况,针对不同区域的客户地理分布开展相应的营销活动。

智能服务平台客户端与服务器端功能的组合,构成了从顾客即时需求信息提交、产品订购、付款到物流配送的智能服务平台的基本流程。顾客登录服务平台浏览、查询产品,在选择订购产品后,可以会员或者直接以过客身份进行购买,确认所购产品并提交订单,进行支付结算。顾客下订单后,后台可以查看到订单的具体信息,从而智能化地选择产品的配送方式、配送时间、配送路线等。智能服务平台的基本流程如图 7-14 所示。

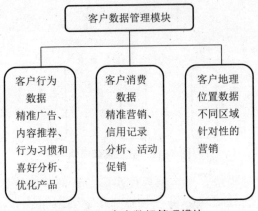

图 7-13 客户数据管理模块

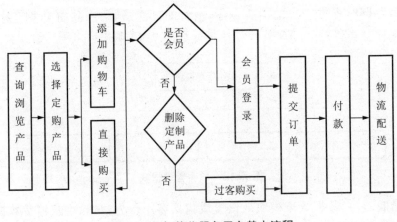

图 7-14 智能化服务平台基本流程

第二节 从智能服务平台到智能物流配送的即时响应

一、数据驱动的 C2B 智能化运营过程

智能化运营与管理是一个数据驱动的流程。数据驱动是利用互联网、以大数据技术为支撑,通过数据以及数据之间的关联进行智能化决策与运营的过程。在数据驱动决策与管理的过程中,数据信息由不同的层级构成,从信号到智慧逐层递进,不断上升迭代,从而服务于决策和管理运营。如图 7-15

所示。

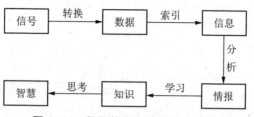

图 7-15　数据信息上升迭代的层级

在大数据、云计算、物联网技术广泛应用的背景下,数据在规模数量、结构类型、价值密度、传输速度等方面都发生了巨大的变化。数据的价值不仅仅局限于原有的数据分析,数据的即时分析与利用,不同类型的数据整合,使得原有的孤立的数据建立起内在联系,从而形成以数据为中心、数据驱动的管理流程。由数据驱动管理流程的核心是将顾客需求信息转化为数据,企业和供应商根据顾客需求数据进行产品生产和加工、产品组合、产品物流配送,并实现对供应链运营过程的智能化管理。

数据驱动的 C2B 智能化运营的一般过程是,消费者直接向智能服务平台下需求订单,供应商将顾客需求订单转化为数据,以订单数据信息驱动产品生产加工和物流配送,实现信息流、物流、资金流的有效互动。在 C2B 智能化运营过程中,供应商产品组合与物流配送依赖于顾客需求数据信息的收集、处理和应用,供应商和消费者通过 C2B 智能服务平台获取产品组合、产品价格、产品品质、产品配送等相关数据信息,从而实现顾客需求与产品供应的对接。数据驱动的 C2B 智能化运营过程是一个数据获取、数据转化、数据分析、数据处理、数据控制的过程。C2B 智能化运营一般过程如图 7-16 所示。

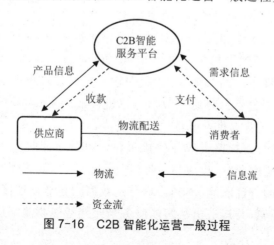

图 7-16　C2B 智能化运营一般过程

数据驱动的深蓝渔业产品 C2B 智能化运营流程是：① 顾客登录 C2B 智能服务平台，提交并确认产品购买订单；② 智能服务平台的订单管理模块，实时将顾客订单表明的顾客姓名、地址、联系方式、订购产品类别、订购产品品名、订购产品数量、配送时间、支付方式等转化为订单数据，并将数据化的订单实时传输给供应商；③ 供应商物流配送管理中心通过 EPC 编码，实时将数据化订单信息形成 RFID 产品电子标签，附着于订单产品的 RFID 标签存储着产品订单的数据信息；④ 贴有电子标签的订单产品进入供应链物流配送过程，在供应链运营的各个节点上实时读出、传送订单产品的数据信息，以实现供应链流程的智能贯通和无缝连接；⑤ 物流配送管理中心综合运用无线传感器网络技术、EPC 中间件、ONS 服务器、EPCIS 信息服务器等物联网技术系统，实时分析、处理、传送、查找、跟踪订单产品在供应链各个环节、各个节点的数据信息，以实现对订单产品物流配送过程的智能化监控与追踪；⑥ 顾客收到订单产品并支付后，向智能服务平台反馈信息。

二、数据驱动的智能化运营框架

数据驱动的 C2B 智能化运营过程，是对深蓝渔业产品供应链智能化运营的直线型流程分析。从纵向的立体化角度来观察，数据驱动的深蓝渔业产品智能化运营框架包括三个层面：

（1）基础层面的数据智能化服务平台。该服务平台以顾客个性化即时需求数据信息为驱动，对顾客即时需求信息进行数据获取、数据转化、数据分析、数据处理、数据存储、数据传输等，同时对顾客需求的历史数据进行归纳与关联分析和处理，以优化供应链的运营管理。通过数据智能化服务平台，顾客的即时需求得到即时响应，顾客需求订单转化为数据订单，并将数据订单实时传输给供应商。当数据化订单产品进入供应链的物流配送过程，订单产品的流动又会产生出与其所处环境、位置、配送节点、配送速度等相关数据，同时衍生出订单产品与配送工具、配送人员以及订单产品相互之间的关联性数据，智能服务平台对这些数据信息进行实时采集、分析、处理和传输，为智能供应链的运营提供基础性的数据支持。

（2）中间层面的数据集成与转化平台。以顾客即时需求数据信息为核心，通过基础数据的分解、集成与转化，形成中间层面的管理职能与供应链流程节点数据，不同管理职能、不同流程节点数据的智能化连接，形成智能供应链流程的内在逻辑，并构造出从智能服务平台到智能物流配送的即时响应供应链条。中间层面的数据平台包括：产品订单数据，如顾客信息数据、产品定购数据、订单运行状态数据等；产品加工数据，如加工设备运行状态数据、生鲜原材料加工流程的规范性数据，包括生鲜原材料的种类、工艺过程、产品标准、产品包装等数据；产品数据，如产品种类数据、产品组合数据、产品品质数据等；职能管理数据，如职能部门及其工作人员的职责数据、在供应链流程中的职能分布与协调数据等；冷藏数据，如冷藏设备数据、温度与湿度数据、产品保鲜数据、产品出库数据等；配送数据，如配送工具、配送人员、配送路线、配送速度、配送时间等数据；交易数据，如订单产品交货地点、交货时间、收货人、支付状态等数据。

（3）顶级层面的智能运营场景平台。借助于物联网关键技术，将中间层面的数据信息进一步集成、转化与升级，形成从智能服务平台到智能物流配送的运营场景平台。该平台综合运用无线射频技术、智能定位技术、无线传感器网络技术等，将智能供应链中的产品与产品、人与产品、人与人之间进行互联，实现智能化的产品识别与实时定位，并能够实时感知和观测物流配送全过程及其节点的场景，从而实现物流配送过程的智能化监控与追踪。数据驱动的智能化运营框架如图 7-17 所示。

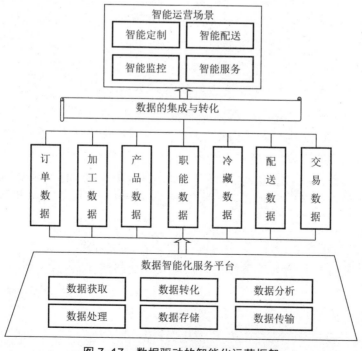

图 7-17 数据驱动的智能化运营框架

三、数据驱动的柔性产品组合系统

随着消费者需求的个性化发展,面向消费者个性化需求的大规模定制成为一种趋势。如前所述,消费者对于深蓝渔业产品的需求和消费具有十分突出的个性化特点,而这种个性化特点主要表现为个性化的即时需求与消费。个性化的即时需求需要柔性的产品组合系统来响应,响应机制表现为以数据化的顾客需求驱动的模块化产品定制以及数据化的柔性产品组合。

按照产品定制理论,产品模块化设计是根据顾客个性化需求,在对产品类型、功用分析的前提下,将产品生产加工分割为不同的部分,每一个部分构成一个模块,不同模块之间相互独立又彼此联系。企业可以组合不同的模块,实现产品的差异化,从而满足消费者的个性化需求。产品模块的类型按照产品的属性可以分为构件共享型、交换型、量体裁衣型、混合型、总线型、可组合型等。产品模块类型的不同,对应不同的柔性生产加工方式。将模块的类型和产品生产加工的全过程结合起来,不同类型的模块可以应用到不同的生产加工阶段。

个性化需求驱动的产品定制,是企业根据消费者的需求进行定制生产的过程。根据定制程度的高低,可以分为不同层次的定制。按照消费者参与的节点和不同模块的匹配,可以分为设计型、生产型、模块型和组合型。当消费者参与的节点在设计阶段,消费者可以参与产品设计,以生产出符合个性化需求的产品;当消费者的参与节点在生产阶段,消费者可以对产品生产进行修改,实现产品的多样化;当消费者的参与节点在模块化阶段,消费者针对不同的产品生产模块来选择自己需求的产品;当消费者的参与节点在组合阶段,消费者的个性化需求通过相应的产品组合来满足,企业通过数据库提供大量的模块化产品,消费者通过数据库来组合匹配。上述不同层次的定制构成了企业的柔性产品组合系统,以满足消费者不同程度的个性化需求。

消费者参与深蓝渔业产品个性化定制的过程,是以消费者个性化需求为驱动,将消费者个性化需求转化为需求数据,以需求数据来驱动产品养殖、产品加工、产品模块和产品组合设计,从而构造面向消费者个性化需求的柔性产品组合系统。从消费者个性化需求的长期动态演化来看,消费者可以参与三文鱼等产品的养殖设计与加工生产,但是由三文鱼等产品的即时需求、即时消费等特点所决定,即时响应、即时满足消费者需求的柔性产品组合系统,主要体现在模块化产品定制与数据化的产品组合方面。三文鱼等产品的个性化需求,表现在对产品品种、产品规格、产品部位、产品量度等方面的个性化要求,产品品种包括冰鲜产品、冷冻产品、熏制产品、灌装产品等;产品的不同部位分为鱼头、中段刺身、鱼排、鱼尾等;不同的产品可以有不同的规格、不同的数量量度。根据产品品种、产品规格、产品部位、产品量度等,形成模块化的个性化产品组合体系。以三文鱼为例,数据驱动的柔性产品组合系统表现为:根据长期动态的消费需求数据的统计、分析与整合,按照三文鱼产品的品类、部位、规格、量度、包装等设计个性化的产品加工模块,以模块化的需求数据驱动模块化的产品加工,从而形成不同模块的个性化产品组合,不同模块的产品组合进一步转化为不同模块的产品数据,通过对不同模块产品数据的分类整合,形成柔性的产品组合数据库,产品组合数据库与消费者的个性化即时需求实现对接。数据驱动的柔性产品组合系统是一个与消费者个性化需求不断互动的过程,因而是一个不断动态调整、不断逼近顾客即时性个性化需求的过程。

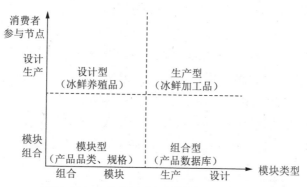

图 7-18　个性化需求驱动的产品定制类型

第三节　从智能物流配送到顾客即时满足

一、智能物流配送服务价值链

深蓝渔业产品的智能物流配送是以物联网技术的应用为支撑的,物联网综合运用无线射频技术、定位技术、智能传感技术将物流配送过程中的产品与运输工具、产品与服务人员、运输工具与服务人员等通过互联网连接起来,实现智能化的产品识别、实时定位、追踪监控和物流管理。物联网技术在物流配送过程的应用分为三个层次：信息感知层、网络传输层和应用拓展层。信息感知层主要实现对物流配送产品信息的自动采集，通过 RFID 标签、智能传感器以及传感节点设备等获得产品物流配送的实时信息。网络传输层主要实现产品物流配送信息到服务器的传输。应用拓展层是将传送到服务器的信息进行分析处理，从而进行冷藏控制、配送路线优化、物流跟踪，以实现产品物流配送过程的全程可视化。基于物联网技术的智能物流配送，以增进顾客满意和顾客价值为目标，通过快捷、精准、便利、到位的全方位服务，构造智能物流配送服务价值链。智能物流配送服务价值链包括冷库的智能监控、智能物流配送系统的设计、冷藏运输过程的智能监控三个方面。

（1）冷库的智能监控。冷库的智能监控与管理包括两个部分：一是产品信息、产品出入库的监控与管理，二是冷库环境的监控，包括温度、湿度、气味等环境参数。在冷库的出入口设置有 RFID 阅读器，每件进库和出库的产品贴有 RFID 标签，冷库内分布多个智能节点，智能节点由具有通讯功能的多种类型的无线传感器网络（WSN）和 RFID 阅读器组成。每件出库和入库的产品，由冷库入口处的 RFID 阅读器读取其 RFID 标签信息，同时也可以写入产品的出库、入库信息，并把信息上传至智能服务平台的数据中心。分布在冷库内的智能节点，实时地检测冷库内环境的温度、湿度、气味等相关环境参数，同时能读取产品的 RFID 标签信息。各个节点按照一定的时间间隔将接收到的信息上传至智能服务平台的数据中心，实现数据的适时共享，从而提高冷链物流的智能化。智能物流配送系统数据流向如图 7-19 所示。

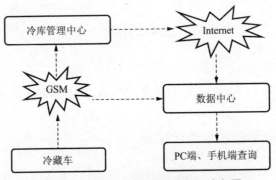

图 7-19　智能物流配送系统数据流向图

冷藏车内的产品信息、冷库的产品信息以及环境的相关参数指标通过各个智能节点上传到智能服务平台的数据中心，供应商通过数据中心查询产品及其所处环境的信息,根据相关数据进行有效的监控与管理,如有异常,能够进行实时地干预和调控。消费者可以通过 PC 端会员登录来查询所购产品的信息,追踪物流配送信息,实现产品质量的可追溯。

(2)智能物流配送系统设计。智能物流配送系统要求物流配送全过程可监控跟踪,产品质量可追溯。该智能物流配送系统采用无线传感器网络(WSN)技术和无线射频技术(RFID)技术,通过无线传感器网络技术实时感知冷鲜产品所处物流配送环境的相关参数指标,比如温度、湿度等;物流配送过程中的每件产品都贴有 RFID 标签,写入产品信息,通过 RFID 阅读器可以非接触地读取产品的信息,产品的信息上传到智能服务平台的服务器,实现产品的实时跟踪管理。在智能物流配送系统的每个节点实现产品信息的传输与共享、产品配送的动态跟踪与控制。智能物流配送系统的智能节点构成如图 7-20 所示。

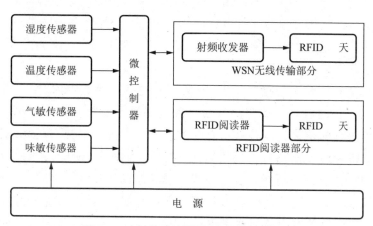

图 7-20　智能物流配送系统节点结构图

温度传感器、湿度传感器、气敏传感器和味敏传感器负责监测产品所处环境的相关参数指标。RFID 阅读器读取 RFID 标签产品的相关数据。微控制器将检测的环境数据与 RFID 阅读器读取的产品标签信息进行处理,并将信息上传至服务平台数据中心,如有异常则发出报警信息。

(3)冷藏运输过程的智能监控与追踪。冷藏车在运输过程中,车内需要保持最适宜的温度。智能物流配送系统实时监测冷藏车内的温度、湿度、气味等环境参数,并能随时读取产品上的 RFID 标签信息。智能监控系统运用无线传感器网络技术(WSN)和无线射频技术(RFID),实现车内环境的监控,动态的产品信息传递。冷藏车内的每一件产品贴有 RFID 标签,记录产品的相关信息,包括加工信息、产品类型、配送信息等。冷藏车内分布多个智能节点,智能节点由具有通讯功能的无线传感器网络和 RFID 阅读器组成。无线传感器包括温度、湿度、气味等传感器,可以感知冷藏车内环境的各种指标参数,RFID 阅读器读取产品的 RFID 标签信息。智能节点将环境参数与产品信息处理后,按照一定的时间间隔传送至智能服平台的数据中心,如有异常则会发出警告信息,以便进行快速的应急处理。通过数据中心可以实时查询冷藏车以及配送产品的相关信息。冷藏车加装 GPS 车辆定位系统,可以随时跟踪、监控车辆的运行轨迹。

二、智能交易与顾客需求的即时满足

深蓝渔业产品的智能交易,是一个顾客通过智能服务平台上传需求信息、确认产品订单、网上支付、线下智能物流配送快捷满足顾客需求的过程,具体说是由线上智能服务平台与线下智能物流配送实时协调与配合、共同实现的产品交易过程。通过智能服务平台与智能物流配送的密切配合,顾客的即时需求获得即时满足。

智能交易依赖于数据库的支持,数据库包括产品数据库、组合模块数据库、消费者信息数据库、历史交易信息数据库等。消费者与供应商通过智能服务平台进行的交易流程是:① 消费者进入智能服务平台,查看供应商的网页;② 消费者通过购物对话框填写购物信息,即姓名、地址、订购产品名称、数量、规格、价格;③ 消费者选择支付方式,如信用卡、电子货币、电子支票、借记卡等;④ 供应商的客户服务器检查支付方服务器,查看支付方式是否被认可;⑤ 客户服务器确认消费者支付方式后,实时通知物流配送管理中心和顾客进行订单产品的快捷配送。顾客接到配送信息后,可以通过移动终端实时查看、跟踪订单产品的配送路线、配送速度、配送时间等,以实现产品配送与顾客接货的精准对接,最终完成产品交易过程。智能服务平台的一般交易流程如图 7-21 所示。

深蓝渔业产品智能服务平台能够为消费者的即时需求提供实时的个性化产品信息服务、个性化产品订单服务,深蓝渔业产品智能物流配送系统能够快捷地实现订单产品的配送。智能服务平台与智能物流配送协同运营的过程,是一个对顾客即时需求做出即时响应的过程,同时也是一个通过智能交易使顾客的即时需求得到即时满足的过程。

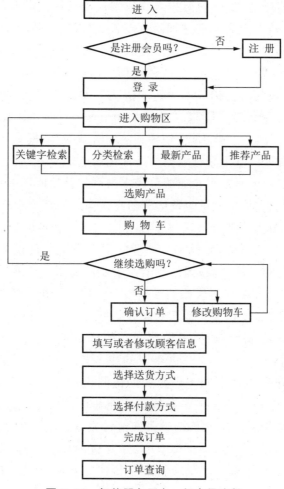

图 7-21　智能服务平台一般交易流程

第四节　深蓝渔业产品 3Is 营销模式运营效率及其影响因素

一、深蓝渔业产品 3Is 营销模式运营效率

从经济学的角度分析,"效率"反映的是投入与产出、成本与收益的比例关系。所谓高效率是指以最低的投入或成本获得最大的产出或收益,或者在

产出与收益一定的边界下,边际投入与成本最低。深蓝渔业产品 3Is 营销模式的运营效率,是指产品营销过程的总投入、总成本与满足顾客需求所获得的总收益的比例关系,以最低的成本投入获得最大的顾客满足和收益,反映了该营销模式运营的高效率。在营销过程中,深蓝渔业产品 3Is 营销模式运营的高效率,表现为在营销成本一定的情况下,能够对顾客的即时需求做出快速的即时响应,能够为顾客提供快捷的增值服务并最大限度地提高顾客满意度。因此,深蓝渔业产品 3Is 营销模式的运营效率,从根本上取决于其智能供应链的运营效率。基于战略联盟的一体化智能供应链,其运营效率反映的是处于供应链上的所有节点企业的总成本与总收益的比例关系,以最低的成本获得最大的收益,体现了供应链运营的高效率。深蓝渔业产品的一体化智能供应链,不同节点企业一方面出于自身的成本与收益约束,能够提高本企业的运营效率;另一方面,不同节点企业的运营效率与收益又依赖于供应链的整体运营效率和共同利益,因此在节点企业自我约束与供应链协同效应的共同利益约束之下,由战略伙伴关系构成的一体化智能供应链,能够有力支持深蓝渔业产品 3Is 营销模式运营的高效率。

深蓝渔业产品 3Is 营销模式运营效率的评价指标主要包括:① 营销总成本。其中包括营销供应链节点企业的成本投入和供应链整体运营的均摊成本投入。在供应链不同节点企业的协同运营过程中,基于均衡收益水平,节点企业营销成本与供应链营销成本能够达到均衡状态。② 快速响应能力与水平。该指标用来评价营销供应链体系对顾客即时需求的快速反应能力、即时响应速度,这是一个最核心、最关键的评价指标。敏捷性的快速响应能力与水平取决于智能供应链战略伙伴之间协同运营的机制与效率。③ 顾客需求满意度。即通过智能供应链的快速响应满足顾客即时需求的程度与水平,其评价标准是顾客的即时需求是否得到即时满足、即时满足是否赢得顾客满意。在营销总成本一定的情况下,基于一体化智能供应链的快速响应机制,使顾客的即时需求获得即时满足,并持续地增进顾客满意度,就能够不断提高营销效率和营销总收益。

二、深蓝渔业产品 3Is 营销模式运营效率的影响因素

深蓝渔业产品 3Is 营销模式的运营效率,主要取决于基于战略联盟的一体化智能供应链的运营效率。从基于一体化智能供应链的深蓝渔业产品 3Is 营销模式的运营机制来分析,假设营销总成本达到均衡并保持不变,影响深

蓝渔业产品 3Is 营销模式运营效率的主要因素包括以下几方面。

（1）产品规模养殖稳定性。深蓝渔业产品规模养殖的稳定性，在很大程度上受制于产品养殖的自然环境与条件。影响和决定产品规模养殖稳定性的指标包括育苗与驯养过程有效性、深远海养殖环境稳定性、养殖装备抗自然灾害能力、养殖装备运行稳定性、绿色养殖规模可持续性等。

表 7-1　产品规模养殖稳定性指标

序　号	指　标
1	育苗与驯养过程有效性
2	深远海养殖环境稳定性
3	养殖装备抗自然灾害能力
4	养殖装备运行稳定性
5	绿色养殖规模可持续性

（2）顾客即时需求信息掌握程度。该因素是影响 3Is 营销模式运营效率的前提性因素。顾客即时需求信息掌握程度的指标包括顾客即时需求的产品与价格信息、顾客即时需求的产品质量标准信息、顾客即时需求的配送时间信息、顾客即时需求的配送地点信息、顾客即时需求的消费偏好信息等。

表 7-2　顾客即时需求信息掌握程度指标

序　号	指　标
1	顾客即时需求的产品与价格信息
2	顾客即时需求的产品质量标准信息
3	顾客即时需求的配送时间信息
4	顾客即时需求的配送地点信息
5	顾客即时需求的消费偏好信息

（3）信息传递速度与共享水平。基于战略联盟的一体化智能供应链不同节点企业之间的信息传递速度与共享水平，决定着供应链战略伙伴的协调合作能力和供应链运营的协同效应，因此是影响深蓝渔业产品 3Is 营销模式运营效率的最关键因素。一体化智能供应链信息传递速度与共享水平指标包括顾客订单信息传递的精准性、节点企业之间顾客订单信息传递的实时性、节点企业之间实时同步响应性、节点企业之间信息与智能技术的连接性、节点企业之间信息共享平台的整合性等。

表7-3　信息传递速度与共享水平指标

序　号	指　标
1	顾客订单信息传递的精准性
2	节点企业之间顾客订单信息传递的实时性
3	节点企业之间实时同步响应性
4	节点企业之间信息与智能技术的连接性
5	节点企业之间信息共享平台的整合性

（4）产品柔性组合与供应能力。该因素影响和决定着深蓝渔业产品3Is营销模式满足顾客个性化即时需求的动态响应能力与水平,即针对顾客的即时性个性化需求能否做出灵活性的动态响应。产品柔性组合与供应能力指标包括产品加工企业模块化组合能力、产品冷藏柔性组合能力、节点企业之间产品柔性组合能力、节点企业之间产品柔性组合动态调整能力、基于产品柔性组合的有效供应能力等。

表7-4　产品柔性组合与供应能力指标

序　号	指　标
1	产品加工企业模块化组合能力
2	产品冷藏柔性组合能力
3	节点企业之间产品柔性组合能力
4	节点企业之间产品柔性组合动态调整能力
5	基于产品柔性组合的有效供应能力

（5）终端配送方式与能力。该因素在供应链最终环节上影响和决定着深蓝渔业产品3Is营销模式满足顾客即时需求的响应能力和速度。终端配送方式与能力指标包括产品冷库的固定性与流动性选择、流动性冷库分布的合理性、单体配送节点分布的合理性、流动性冷库与单体配送节点的优化组合、流动性冷库与单体配送节点的动态调整等。

表7-5　终端配送方式与能力指标

序　号	指　标
1	产品冷库的固定性与流动性选择
2	流动性冷库分布的合理性
3	单体配送节点分布的合理性
4	流动性冷库与单体配送节点的优化组合
5	流动性冷库与单体配送节点的动态调整

将上述五个方面的主要影响因素及其具体指标进行整合,形成深蓝渔业产品 3Is 营销模式运营效率影响因素的指标体系。见表 7-6 所示。

表 7-6　深蓝渔业产品 3Is 营销模式运营效率影响因素指标体系

影响因素		指标体系
产品规模养殖稳定性	1	育苗与驯养过程有效性
	2	深远海养殖环境稳定性
	3	养殖装备抗自然灾害能力
	4	养殖装备运行稳定性
	5	绿色养殖规模可持续性
顾客即时需求信息掌握程度	6	顾客即时需求的产品与价格信息
	7	顾客即时需求的产品质量标准信息
	8	顾客即时需求的配送时间信息
	9	顾客即时需求的配送地点信息
	10	顾客即时需求的消费偏好信息
信息传递速度与共享水平	11	顾客订单信息传递的精准性
	12	节点企业之间顾客订单信息传递的实时性
	13	节点企业之间实时同步响应性
	14	节点企业之间信息与智能技术的连接性
	15	节点企业之间信息共享平台的整合性
产品柔性组合与供应能力	16	产品加工企业模块化组合能力
	17	产品冷藏柔性组合能力
	18	节点企业之间产品柔性组合能力
	19	节点企业之间产品柔性组合动态调整能力
	20	基于产品柔性组合的有效供应能力
终端配送方式与能力	21	产品冷库的固定性与流动性选择
	22	流动性冷库分布的合理性
	23	单体配送节点分布的合理性
	24	流动性冷库与单体配送节点的优化组合
	25	流动性冷库与单体配送节点的动态调整

参考文献

[1] 麦康森，等. 开拓我国深远海养殖新空间的战略研究 [J]. 中国工程科学，2016，18（3）：90-95.

[2] 岳冬冬，王鲁民. 我国渔业发展战略研究现状分析与初步思考 [J]. 中国农业科技导报，2013，15（4）：168-175.

[3] 黄一心，等. 我国离岸水产养殖设施装备发展研究 [J]. 渔业现代化，2016，43（2）：76-81.

[4] 徐皓，等. 我国深远海养殖工程装备发展研究 [J]. 渔业现代化，2016，43（3）：1-6.

[5] 郭国庆. 市场营销管理—理论与模型 [M]. 北京：中国人民大学出版社，1998.

[6] 权锡鉴，周荣森，等. 营销管理创新研究 [M]. 北京：经济管理出版社，2003.

[7] 葛光华. 水产品市场营销学 [M]. 北京：中国农业出版社，2001.

[8] 李琳，等. 鲜活水产品流通模式演进机理研究 [J]. 中国渔业经济，2011（6）：54-59.

[9] 李晓红，等. 我国鲜活水产品流通组织模式现状及特征分析 [J]. 安徽农业科学，2011（7）：4376-4378.

[10] 李丽杰，等. 鲜活水产品流通问题与对策研究 [J]. 河北科技师范学院学报，2017（3）：116-120.

[11] 张志乔. 生鲜农产品营销与物流 [M]. 北京：北京大学出版社，2012.

[12] 胡月英. 试析水产品绿色营销 [J]. 特区经济，2007（7）：253-255.

[13] 虞吉林，孟燕君. 水产品实现绿色营销扩大出口的对策 [J]. 新农村，

2002(3):4-5.

[14] 王宏智,赵扬.水产品信息可追溯体系构建与对策[J].江苏农业科学,2017(5):336-339.

[15] 陈惠惠.GSI系统在海南水产品质量安全跟踪与追溯体系的应用[J].世界标准化与质量管理,2008(8):56-58.

[16] 潘澜澜,李莉,王晶.基于条码标签的水产品可追溯流通体系的建立[J].江苏农业科学,2012(4):304-305.

[17] 孙琛,沈媛.基于流通渠道视角的我国水产品质量安全问题研究[J].食品工业科技,2014(13):275-279.

[18] 高小玲.产业组织模式与食品质量安全—基于水产品的多案例解读[J].软科学,2014(11):45-49.

[19] 叶超,黄硕琳,苏含秋.基于电子商务的水产批发市场流通模式研究[J].广东农业科学,2015(9):169-173.

[20] 杨逸.互联网+时代下海产品营销的研究[J].农村经济与科技,2016(15):108-109.

[21] 赖媛媛,韩立民.我国海产品电子商务发展对策研究[J].中国渔业经济,2015(3):27-32.

[22] 王晓玲,董绍增,卞珊珊.荣成市海产品O2O电子商务模式研究[J].网络经济,2016(9):96-98.

[23] 曹继龙,杨宁生.大连市海产品电子商务发展的问题及其对策[J].湖南农业科学,2011(2):34-36.

[24] 吴维宁.水产品网络营销中网络零售的服务整合[J].农业网络信息,2008(10):123-126.

[25] 〔美〕阿德里安·佩恩,等.关系营销——形成和保持竞争优势[M].梁卿,等,译.北京:中信出版社,2001.

[26] 汪涛,陈露蓉.关系营销理论评述与本土化新解[J].财贸经济,2004(12):62-65.

[27] 熊元斌,王娟."关系营销是对传统营销理论的革命"质疑[J].南开管理评论,2005(3):67-73.

[28] 范小军,陈宏民.关系视角的营销渠道治理机制研究[J].软科学,2007(3):55-58.

［29］ 陈灿．国外关系治理研究最新进展探析［J］．外国经济与管理，2012（10）：74-81．

［30］ 张闯，夏春玉，梁守砚．关系交换、治理机制与交易绩效：基于蔬菜流通渠道的比较案例研究［J］．管理世界，2009（8）：124-140．

［31］ 向晓梅．农业供给侧结构性改革视角下我国海洋渔业转型升级路径［J］．广东社会科学，2017（5）：23-29．

［32］ 孙瑞杰，曹英志，杨潇，等．我国海洋渔业发展战略研究［J］．宏观经济管理，2015（6）：54-57．

［33］ 韩立民，等．我国海洋事业发展中的"蓝色粮仓"战略研究［M］．北京：经济科学出版社，2018．

［34］ 顾虹．供给侧改革背景下的海洋渔业规模化养殖发展探讨［J］．农业与技术，2018（2）：83-85．

［35］ 孙松．海洋渔业3.0［J］．中国科学院院刊，2016（12）：1332-1338．

［36］ 曹英志，翟伟康，张建辉．我国海洋渔业发展现状及问题研究［J］．中国渔业经济，2015（5）：41-46．

［37］ 马云瑞，郭佩芳．我国深远水养殖环境适宜条件研究［J］．海洋环境科学，2017（2）：249-254．

［38］ 侯海燕，鞠晓晖，陈雨生．国外深海网箱养殖业发展动态及其对我国的启示［J］．世界农业，2017（5）：162-166．

［39］ 刘晋，郭根喜．国内外深水网箱养殖的现状［J］．渔业现代化，2006（2）：8-9．

［40］ 黄太寿．我国深水网箱产业发展现状与建议［J］．中国水产，2006（5）：12-13．

［41］ 朱玉东，鞠晓晖，陈雨生．我国深海网箱养殖现状、问题与对策［J］．中国渔业经济，2017（2）：72-78．

［42］ 纪锋，王炳谦，孙大江，等．我国冷水性鱼类产业现状及发展趋势探讨［J］．水产学杂志，2012（3）：63-67．

［43］ 郭淼，等．我国沿海地区水产品消费特征的调查分析——对大连和上海的实证调查［C］．2008中国渔业经济专家论坛论文集，2008．

［44］ 孙琛，王建国，张海清．中国大城市居民水产品消费水平和消费特征对比分析示［J］．中国农学通报，2015，31（8）：86-92．

［45］ 高金田,李京梅,刘铁鹰. 中国水产品居民消费需求趋势及影响因素分析［J］. 东岳论丛,2013(1):118-123.

［46］ 王丽娟,田志宏. 我国城镇居民水产品消费特征分析［J］. 渔业经济研究,2009(1):8-11.

［47］ 刘锐,李冉,陈洁. 我国水产品消费特征及增长潜力［J］. 农业展望,2011(3):53-58.

［48］ 胡求光,王艳芬. 我国水产品的消费特征及其影响因素分析［J］. 农业经济问题,2009(4):97-102.

［49］ 黎鹤仙,谭春兰. 人均水产品消费量影响因素的实证研究［J］. 黑龙江农业科学,2012(4):87-90.

［50］ 谭城,张小栓. 我国城镇居民水产品消费影响因素分析［J］. 中国渔业经济,2005(5):41-43.

［51］ Justo Manrique, Helen H. Jensen. Socio-Economic Factors Affecting Household Expenditures on Fresh and Prepared Seafood:The Spanish Case. Journal of Agricultural Economics［J］. 2001(3):23-37.

［52］ 姜家泰. 日本促进水产品消费的措施［J］. 中国水产,1994(2):42.

［53］ 杨招萍,潘迎捷,杨正勇. 上海市水产品比较优势研究［J］. 渔业经济研究,2007(1):2-6.

［54］ 赵秀秀,杨德利. 加快中国水产品消费发展的几点思考［J］. 山西农业科学,2010(3):65-57.

［55］ Jiehong Zhou, Zhen Yan, Yuan Wang. Improving Quality and Safety of Aquatic Products:A Case Study of Self-inspection Behavior from Export-oriented Aquatic Enterprises in Zhejiang Province, China［J］. Food Control, Volume 33, Issue 2, 2013(10):528-535.

［56］ 叶勇,常秀清,陈栋燕. 中日水产品流通结构比较分析［J］. 中国渔业经济,2011(1):129-135.

［57］ 康斯柯,包特力根白乙. 辽宁省水产品居民消费及其影响因素分析［J］. 商场现代化,2009(8):58-60.

［58］ 李伟丽,等. 不同包装处理对三文鱼冷藏货架寿命的影响［J］. 西华大学学报(自然科学版),2018(3):40-45.

［59］ 张新林,等. 不同低温条件下三文鱼的品质变化［J］. 食品工业科学,

2016(17):316-321.

[60] 王一帆,等. 冷藏期间温度波动对三文鱼片品质的影响 [J]. 食品与发酵科技,2016(1):24-27.

[61] 张宁,谢晶,等. 冷藏物流过程中不同气调包装对三文鱼品质的影响 [J]. 食品工业科技,2015(24):284-286.

[62] 邓林,等. 挪威三文鱼的营养评价 [J]. 食品工业科技,2012(8):377-379.

[63] 张欢,孙琛. 我国居民水产品消费水平与消费特征分析 [J]. 农业现代化研究,2009(7):431-433.

[64] Shenrong GAO, Xia TONG, Linhai WU. Issues and Development Opportunities of Aquatic Product Industry in China. Journal of Northeast Agricultural University (English edition), Volume 18, Issue 2, 2011(6):87-91.

[65] 蔡孟沿,孙琛. 城市居民水产品消费行为研究——以北京、上海、西安为例 [J]. 中国渔业经济,2015(2):99-105.

[66] Richard S. Johnston, Ingolfur Arnarson, Jolanta Zieziula, etc. Extented Fishery Jurisdiction and the Internationlization of Groundfish Markets and Market Channels[J]. Nato ASI series volume 201, 1991:125-137.

[67] 樊旭兵. 三文鱼的营养、烹饪及市场营销 [J]. 中国水产品,1998(10):60-62.

[68] 刘雅丹. 世界鲑鳟鱼的养殖和市场现状分析 [J]. 科学养鱼,2004(8):40-41.

[69] 刘延岭,邓林. 养殖三文鱼与挪威三文鱼营养成分的比较分析 [J]. 食品与发酵科技,2011(6):84-86.

[70] 耿黎辉,陈淑青. 消费情绪与购后行为的关系研究综述 [J]. 西南交通大学学报(社会科学版),2006(5):93-99.

[71] Westbrook Robert A., Richard L. Oliver. The Dimensionality of Consumption Emotion Patterns and Consumer Satisfaction[J]. Journal of Consumer Research, 1991(18):84-91.

[72] Holbrook, Moorris S., Elizabeth C. Hirschman, The Experiential Aspects

of Consumption: Consumer Fantasies, Feelings, and Fun [J] Journal of Consumer Research, 1982, 9(3), 132-140.

[73] 靳春秋,等. 冰藏三文鱼品质变化及菌相分析 [J]. 食品与发酵工业, 2013(4):220-225.

[74] Tuan, Y. F. Topophilia: A Study of Environmental Perception, Attitudes and Values [M]. Englewood Cliffs, NJ: Prentice Hall, 1974.

[75] Barre, S. D. L., Brouder, P. . Consuming Stories: Placing Food in the Arctic Tourism Experience [J]. Journal of Heritage Tourism, 2013, 8(2): 213-223.

[76] 孙九霞,等. 旅游地特色饮食的地方化:丽江三文鱼的生产与消费 [J]. 南开管理评论, 2018,(2):182-191.

[77] Zeithaml, Valarie A. . Consumer Perceptions of Price, Quality, and Value: A Means-end Model and Synthesis of Evidence [J]. Journal of Marketing, 1988, 52(3):2-22.

[78] Woodruff. Consumer Value: the Next Source for Competitive Advantage" [J]. Journal of the Academy of Marketing Science, No. 25, 1997:2-8.

[79] Oliver, R. L., Desarbo, W. S. . Respones Determinants in Satisfaction Judgments [J]. Journal of Consumer Research 14, 1988(3):495-507.

[80] Bolton, R. N., Lemon, K. N. A Dynamic Model of Customers, Usage of Services: Usage as an Antecedent and Consequence of Satisfaction [J]. Journal of Marketing Reisearch, 1999, 36:171-186.

[81] 〔美〕菲利普·科特勒. 营销管理——计划、分析、执行与控制 [M]. 梅汝和,等,译. 上海:上海人民出版社,1997.

[82] Monore, K. B. . Pricing: Making Profitable Decisions: 2nd [M]. McGraw-Hill, New York, 1990.

[83] 白长虹. 西方的顾客价值研究及其实践启示 [J]. 南开管理评论, 2001(2):51-55.

[84] Chen, Z. , Dubinsky, A. J. A Conceptual Model of Perceived Customer Value in Ecommerce: A Preliminary Investigation. Psychology and Marketing, 2003(20):323-347.

［85］ Carothers, G. H. , M. Adams. Competitive Advantage through Customer Value：The Role of Value Based Strategic［J］. Journal of Electronic Commerce, 1991, 1/2（Winter）：59-88.

［86］ Sweeney L. Q. , GN. Sonta. Consumer-Perceived Value：The Development of a Multiple-item Scale［J］. Jounral of Retailing, 2001（7）：203-208.

［87］ Sheth, J. N. , Newman. Why We Buy What We Buy：A Theory of Consumption Values［J］. Journal of Business Research, 1991, 22（2）：159-170.

［88］ 李嘉晓. 我国海洋渔业经济组织的演进与培育研究［J］. 海洋科学, 2017（6）：119-125.

［89］ 薛长湖, 翟毓秀, 等. 水产养殖产品精制加工与质量安全发展战略研究［J］. 中国工程科学, 2016（3）：43-48.

［90］ 郭思亚, 张龙翼, 等. 国内外水产品加工技术研究进展［J］. 四川农业科技, 2018（1）：1-3.

［91］ 周海霞. 水产品物流管理演进路径及集约化模式分析［J］. 渔业信息与战略, 2016（2）：93-97.

［92］ 陈蓝荪. 水产品物流及其在中国的发展［J］. 中国流通经济, 2006（1）：13-16.

［93］ 李学工, 郑伟伟. 水产品批发市场运营管理模式创新研究［J］. 山东商业职业技术学院学报, 2010（4）：1-5.

［94］ 权锡鉴, 花昭红. 海洋渔业产业链构建分析［J］. 中国海洋大学学报, 2013（3）：1-6.

［95］ 赵蕾, 孙慧武. 水产品价值链视角下的新型渔业经营主体发展研究［J］. 中国海洋大学学报, 2017（6）：50-55.

［96］ 张振东, 王建波, 等. 当前我国三文鱼产业发展机遇探析［J］. 中国渔业经济, 2017,（1）：28-33.

［97］ 李苏文. 我国水产品物流运作模式研究［J］. 时代金融, 2016（12）：271-272.

［98］ 富芳, 马尚平. 水产品电子商务销售模式的可行性分析及发展对策［J］. 农村经济与科技, 2016（21）：124-126.

［99］ 管红波, 杨宝安. 水产品电子商务模式分析［J］. 中国渔业经济,

2009（2）：102-105.

[100] 杨德荣，马尚平．电子商务模式在水产品销售中的应用研究［J］．安徽农业科学，2016（18）：270-272.

[101] 陈方建．工业4.0时代下的中国供应链未来［J］．物流技术，2014（16）：13-15.

[102] 宋华．从"互联网＋"看智慧供应链［J］．二十一世纪商业评论，2015（8）．

[103] 孔栋，左美云，等．O2O模式分类体系构建的多案例研究［J］．管理学报，2015（11）：1588-1591.

[104] 马士华，林勇，陈志祥．供应链管理［M］．北京：机械工业出版社，1998：161-171.

[105] 虞卫珍．浅析水产企业的绿色营销战略［J］．经济师，2015（5）：278-279.

[106] 汪旭晖，张其林．基于线上线下融合的农产品流通模式研究［J］．北京工商大学学报，2014（5）：18-25.

[107] 曹鑫磊，赵铭武，等．水产养殖业中物联网技术应用现状、存在问题及发展对策［J］．水产科技情报，2014，41（4）：201-204.

[108] 李章林，卢桂章．基于RFID的广义物流中的移动智能终端设计［J］．自动化与仪表，2007（10）：1-4.

[109] Seok Hun Kim, Song, Hyunsub Jung. Wi Bro-based Mobile RFID Service Development [J]. Wireless Communications and Networking Conference, 2007, 11(11).

[110] Deng Neng Chen, et al. An Agent Based Model for Consumer to Business [J]. Electronic Commerce Expert Systems With Applications, 2008, 34: 469-481.

[111] 龚勇，等．组合贸易电子商务中的一种联盟规划方法研究［J］．计算机集成制造，2005，11（9）：1340-1349.

[112] 龚勇，姚莉，等．组合电子市场中多Agent联盟形成的动态特性分析［J］．软件学报，2007，l8（3）：657-668.

[113] K J Kuo, et al. Integration of Self-organizing Feature Maps Neural

Network and Genetic K-means Algorithm for Market Segmentation Expert Systems with Applications [J]. 2006, 30(2):313-324.

[114] 纪丰伟. 数据驱动的智能工厂 [J]. 智能制造, 2017(8):21.

[115] 宋筱轩. 动态数据驱动的河流突发性水污染事故预警系统关键技术研究 [D]. 浙江大学, 2014.

[116] Marsh, J. A., Pane, J. F., Hamilton, L. S. Making Sense of Data-driven Decision Making in Education [EB/OL]. 2014(2):12.

[117] 沈苏彬,杨震. 工业互联网概念和模型分析 [J]. 南京邮电大学学报(自然科学版), 2015(5):1-10.

[118] 张恒升. 工业互联网:重构网络架构的起点 [J]. 中兴通讯技术, 2017(2):45-46.

[119] Peter A, Heinz B, Dirzus, et al. Reference Architecture Model Industry 4. 0(RAMI 4. 0)[R]. Germany. ZVEI-German Electrical and Electric Manufacturers Association, 2015:45-46.

[120] 中国电子技术标准化研究院. 智能制造标准体系研究白皮书(2015年)[R]. 北京:中国电子技术标准化研究院, 2015:57-60.

[121] 吕慧,夏虹,等. 数据驱动的工业互联网解决方案 [J]. 西安邮电大学学报, 2018(5):106-107.

[122] Jeff, C.. Having it their way:How to successfully customize your mass ProductKim bell, Proceedings of the 1997 40th International Conference and Exhibition, Washington, DC, USA, 1997, 10, Annual International Conference Proceedings American Production and Inventory Control Society 1997. APICS, Falls Church, VA, USA:89-91.

[123] Rebecca Duray, Peter T. Ward, Glenn W. Milligan, William L. Berry. Approaches to Mass Customization:Configurations and Empirical Validation [J]. Journal of Operations Management, 2000(18):605-625.

[124] Tuma, A. Configuration and Coordination of Virtual Production Networks [J]. International Journal of Production Economics, 1999(56-57):641-648.

市场调研问卷

尊敬的女士／先生：

　　您好！

　　深蓝渔业是在远离大陆的深远海水域，依托大型浮式养殖平台并配套深海网箱设施、捕捞渔船和陆基保障设施所构成的"养殖、捕捞、加工"相结合、"海洋、岛屿、陆地"相连接的全产业链海洋渔业生产新模式。深蓝渔业可以有效地促进海洋渔业在未来的可持续发展，并引领我国第六次海水养殖浪潮。目前在自然生长与捕捞产品供不应求的背景下，深蓝渔业可以通过合理保护和有序利用海洋资源，增加三文鱼等深蓝渔业产品的供给。

　　为了更好地满足日益增长的深蓝渔业产品消费需求，我们希望对此做一些有价值的市场调研。本问卷出于学术研究之目的，您的意见没有对错之分。本次问卷将不会记录您的姓名，恳请您认真并真实地回答如下所设问题，以便为我们的研究提供真实的信息。非常感谢您的支持！

-------------------- 甄别问卷 --------------------

　　请问您或您的家人是否已经有过海洋渔业产品的消费体验，或未来可能消费海洋渔业产品？

有过海洋渔业产品的消费体验	1	继续访问
未来可能消费海洋渔业产品	2	
现在没有，未来也不可能消费海洋渔业产品的消费体验	3	终止访问

一、基本信息部分

A1. 请问您的年龄是：

　　01 20 岁以下　　02 20～30 岁　　03 30～40 岁　　04 40～50 岁

　　05 50～60 岁　　06 60 岁以上

A2. 请问您的性别是：

　　01 男　　02 女

A3. 请问您生活在哪个区域：

    01 沿海城市   02 沿海乡村   03 内陆城市   04 内陆乡村

A4. 请问您的教育程度是：

    01 高中及以下   02 中专   03 大专 / 本科   04 硕士及以上

A5. 请问您的职业是：

    01 党政机关干部   02 事业单位工作人员   03 国有企业 / 公司高管

    04 创业者   05 企业基层管理人员   06 外企、合资企业职员

    07 私营及个体劳动者   08 在校大学生   09 离退休人员   10 其他

A6. 请问您的个人月收入属于以下哪个区间段：

    01 3000 元以下   02 3000～4000 元   03 4000～5000 元

    04 5000～6000 元   05 6000～10000 元   06 10000 元以上

A7. 请问您的家庭每月可支配收入属于以下哪个区间段：

    01 4000 元以下   02 4000～5000 元   03 5000～10000 元

    04 10000～20000 元   05 20000～40000 元   06 40000 元以上

A8. 请问您的家庭常住总人口是：

    01 1 人   02 2 人   03 3 人   04 4 人   05 5 人   06 6 人及以上

二、顾客价值调研问卷

1. 您了解海洋渔业及其具体产品吗？

    01 不了解   02 听说过   03 了解   04 很了解   05 非常了解

2. 您了解深蓝渔业及其产品吗？

    01 不了解   02 听说过   03 了解   04 很了解   05 非常了解

3. 您了解的深蓝渔业产品有哪些？（注：本题为多选题）

    01 三文鱼   02 虹鳟鱼   03 鲳鱼   04 带鱼   05 金枪鱼

    06 鲅鱼   07 其他

4. 您比较了解的三文鱼种类是：（注：本题为多选题）

    01 太平洋鲑   02 大西洋鲑   03 鲑科鱼   04 海鳟   05 虹鳟银鲑

    06 金枪鱼   07 狭鳕鱼   08 其他

5. 您选择购买与消费深蓝渔业产品的理由是：（注：本题为多选题）

    01 质量可靠   02 新鲜   03 营养丰富   04 味道好   05 性价比高

    06 个人与家庭消费习惯或偏好   07 居住在沿海地区

08 销售人员推荐　09 其他

6. 您经常购买或消费的深蓝渔业产品类型是:(注:本题为多选题)

　　01 三文鱼　02 虹鳟鱼　03 鲳鱼　04 带鱼　05 黄鱼　06 其他

7. 您购买或消费三文鱼等深蓝海洋渔业产品的频率是:

　　01 每年几次　02 每季度几次　03 每月几次　04 每周几次

　　05 每天一次　06 其他

8. 您对三文鱼等深蓝海洋渔业产品的购买与消费习惯是:

　　01 即时性购买与消费　02 计划性购买与消费　03 随机性购买与消费

　　04 机会型购买与消费　05 其他

9. 请问您认为现吃现卖,或即时性购买与消费是三文鱼等深蓝海洋渔业产品的最重要消费特征吗?

　　01 是　02 不是　03 说不好

10. 您愿意购买与消费的三文鱼等深蓝渔业产品的产地与货源是:

　　01 国产产品　02 进口产品　03 无所谓

11. 您觉得目前市场是否能够满足您对于新鲜三文鱼等深蓝渔业产品的需求?

　　01 能　02 不能　03 说不好

12. 您认为如果深蓝渔业企业提供海洋牧场养殖的三文鱼产品,您会选择购买吗?

　　01 绝对不会　02 一般不会　03 偶尔会　04 经常会　05 一定会

13. 您能够识别三文鱼等深蓝渔业的产品类型与质量标准等级,并且掌握三文鱼产品的消费方式吗?

　　01 能　02 不能　03 其他

14. 您认为与天然生长、捕捞的深蓝渔业产品相比,深蓝渔业企业通过深远海牧场养殖的三文鱼产品质量可能会如何?

　　01 非常差　02 很差　03 相当　04 很好　05 非常好

15. 您了解天然生长、捕捞的三文鱼等深蓝渔业产品可能存在寄生虫吗?

　　01 了解　02 不了解　03 其他

16. 您觉得影响您决定是否购买、消费三文鱼等深蓝渔业产品的最重要因素是:(注:本题为多选题)

　　01 新鲜度　02 营养成分　03 安全性　04 价格　05 品牌形象

　　06 购买与消费环境　07 服务水平(消费知识培训、加工与配送服务等)

　　08 外观包装设计的艺术性等　09 其他

17. 您喜欢如何消费三文鱼?

　　01 吃生鱼片　02 香煎　03 清蒸　04 烧烤　05 其他

18. 如果深蓝渔业企业通过深远海牧场养殖的三文鱼产品营养丰富并且安全可控,那么,您愿意购买的价格水平是:

　　01 低于天然生长与捕捞产品　02 价格一致

　　03 高于天然生长与捕捞产品　04 说不好

19. 您在选择三文鱼等深蓝渔业产品时,产品的新鲜度对您购买与消费的影响如何?

　　01 非常不重要　02 不太重要　03 一般重要

　　04 比较重要　　05 非常重要

20. 您在选择三文鱼等深蓝渔业产品时,价格因素对您购买与消费的影响如何?

　　01 非常不重要　02 不太重要　03 一般重要

　　04 比较重要　　05 非常重要

21. 您在选择三文鱼等深蓝渔业产品时,服务因素(包括分拣整理、加工、配送速度与服务态度等)对您购买与消费的影响如何?

　　01 非常不重要　02 不太重要　03 一般重要

　　04 比较重要　　05 非常重要

22. 您在选择三文鱼等深蓝渔业产品时,销售服务人员对您购买与消费的影响如何?

　　01 非常不重要　02 不太重要　03 一般重要

　　04 比较重要　　05 非常重要

23. 您在选择三文鱼等深蓝渔业产品时,商品包装及其大小、规格对您购买与消费的影响如何?

　　01 非常不重要　02 不太重要　03 一般重要

　　04 比较重要　　05 非常重要

24. 您在选择三文鱼等深蓝渔业产品时,品牌形象对您购买与消费的影响如何?

　　01 非常不重要　02 不太重要　03 一般重要

04 比较重要　　05 非常重要

25.您在购买、消费体验三文鱼等深蓝渔业产品时,总体上满意吗?

01 非常不满意　02 不太满意　03 基本满意　04 很满意　05 非常满意

26.如果您购买或消费体验过三文鱼等深蓝渔业产品,那么,您最满意的是哪些方面?（注:本题为多选题）

01 质量　02 价格　03 新鲜度　04 安全性　05 口味

06 现场人员服务　07 消费环境　08 加工与配送等服务　09 说不清

27.您在消费体验了三文鱼等深蓝渔业产品之后是否会再次购买与消费体验?

01 绝对不会　02 偶尔会　03 有时会　04 通常会　05 一定会

28.您能够在您需要的时候就可以快捷、便利地购买和消费到三文鱼等深蓝渔业产品吗?

01 能　02 不能

29.您认为目前的深蓝渔业企业还应该继续在以下哪些方面进一步地改进产品和服务等?（注:本题为多选题）

01 产品质量等级与产地标识　02 产品新鲜度　03 消费安全性

04 市场响应速度　05 购买与消费的便捷性　06 加工与配送等服务水平

07 价格水平　08 外观包装　09 购买与消费环境　10 其他

30.您愿意到什么地方购买和消费深蓝渔业企业提供海洋牧场养殖的三文鱼产品?

01 集贸市场　02 线下超市或专卖店　03 线上网店　04 海边码头

05 生产经营企业直接配送到家　06 饭店　07 其他